Corona

zwischen Querdenken und Regierungspolitik

Texte von

Volker Bräutigam, Friedhelm Klinkhammer,
Elena Berg, Meinhard Creydt, Liane Kilinc,
Rüdiger Rauls, Ortwin Rosner und
Andreas Wehr
Herausgeber: Rüdiger Rauls

Herausgegeben im Eigenverlag
(perspektive-Verlag@web.de)
Trier
2021

ISBN: 9798717325950

Inhalt

Vorwort

In der aktuellen Coronakrise werden die Menschen nicht nur von Viren überschwemmt sondern auch von Informationen. Leiden die Betroffenen unter dem Virus, so leiden die Noch-nicht-Betroffenen unter der Verunsicherung. Eine Flut von Informationen, Meinungen, Fakten, Theorien, Studien, Ansichten und Schlussfolgerungen bricht über sie herein. Argumente belegen, wieder andere widerlegen. Und alle Erkenntnisse wollen wissenschaftlich ermittelt sein.

Eine Inflation von Studien ergießt sich in die Gesellschaft. Alle nehmen Wissenschaftlichkeit für sich in Anspruch. Aber kaum sind sie veröffentlicht, werden sie von einer anderen in ihrer Gültigkeit eingeschränkt, angezweifelt, widerlegt. In vielen Fällen wird die Diskussion von den Medien in reißerischer Form angeheizt, sodass es immer weniger um Wahrheit zu gehen scheint, sondern immer mehr um Erregungszustände und darum, wer Recht hat.

Da alles als wissenschaftlich belegt gilt, wissen viele am Ende nicht mehr, was richtig ist und was falsch. Wem sollen sie glauben? Wie wissenschaftlich ist Wissenschaft, wenn jede Theorie oder Meinung sie für sich in Anspruch nimmt, aber trotzdem widerlegbar ist oder scheint? Welche Bedeutung hat Wissenschaft noch, wenn selbst die Wissenschaftler in vielen Fragen unterschiedlicher Meinung sind, das aber wissenschaftlich begründet.

Den meisten Menschen fehlen Zeit und Voraussetzungen, um sich im Streit derer zu orientieren, die doch als Fachleute gelten. Wer aus dem Publikum ist schon in der Lage, die meisten Aussagen auf Richtigkeit und Wahrheitsgehalt hin zu überprüfen? Wer unter den Laien kann schon sagen, was richtig ist und falsch?

Für diese wird im Streit der Meinungen immer weniger der Inhalt der Aussage zum entscheidenden Kriterium als vielmehr Glaubwürdigkeit und Ansehen der Personen, die sie vertreten. Unter solchen Umständen gerät Wissenschaftlichkeit zunehmend in Misskredit. Vieles klingt nur so lange schlüssig, wie es unangefochten bleibt. Der klare Menschenverstand hat schon lange keine Chance mehr.

Der Streit der Meinungen ist auch ein Streit der Interessen, denen diese Meinungen nützen, dienen oder gar von ihnen gefördert werden. Da diese Auseinandersetzungen für die meisten Menschen immer undurchschaubarer werden, ziehen sie sich aus der öffentlichen Diskussion zunehmend zurück.

Das gilt nicht nur für Corona. Sie wissen nicht mehr, wem sie glauben sollen. Wissenschaft, die eigentlich Glauben durch Erkenntnis hatte ersetzen wollen, wird selbst immer mehr zu einem Glaubensbekenntnis. Bekennertum und Parteinahme auf der einen Seite sowie Missgunst und Rechthaberei auf der anderen ersetzen die sachliche Auseinandersetzung.

Menschen wollen verstehen, was vor sich geht. Denn Verstehen schafft Sicherheit. Aber in Zeiten der Verunsicherung wollen sie sich nicht gerade erst erworbene sichere Standpunkte im Treibsand der Veränderung nehmen lassen durch Sichtweisen, die ihren festen Gewissheiten den Boden unter den Füßen wegziehen. Deshalb kämpfen die Verunsicherten für ihre Ansichten und die Sicherheit, die sie ihnen geben sollen. Das ist verständlich. Aber schafft Parteinahme mehr Erkenntnis, mehr Wahrheit und dadurch mehr Sicherheit?

Die Anhänger der verschiedenen Meinungen bilden Lager in der Hoffnung, damit der Verunsicherung zu entgehen, die durch neue Sichtweisen entstehen. Dass alles wieder durcheinander kommt, ist in ihren Augen die Schuld derer, die anders denken. Die Verunsicherten erkennen nicht oder wollen nicht wahrhaben, dass auf dem Weg zur Wahrheit alte Sichtweisen untergehen. Sie gehen unter, weil sie überholt sind, nicht weil sie Lügen sind. Die alten Sichtweisen entsprechen nicht mehr der Wirklichkeit.

Aber geht es überhaupt noch um Wahrheit, wenn im Gefolge des scheinbar wissenschaftlichen Streits Bekenner und Kritiker sich zu Glaubenskriegern verwandeln und unversöhnlich gegenüber stehen?

Zurück bleiben diejenigen, denen zwischen den Fronten der Streithähne und Rechthaber die Orientierung verloren gegangen ist. Sie wissen nicht mehr, was und wem sie glauben können. Wessen Theorien, Meinungen und Behauptungen sind richtig? Dieses Problem des Glaubwürdigkeitsverlusts der Wissenschaft ist auf der Ebene von Beweisen und Tatsachen alleine ist nicht zu lösen. Tatsachen können Erkenntnisse nicht ersetzen. Erkenntnisse sind mehr als nur die Summe der Tatsachen.

Für Befürworter wie Kritiker der Treibhaus-Theorie ist die Tatsache gleich, dass der Anteil des Kohlendioxids in der Luft 0,04% beträgt. Aber beide Seiten deuten diese Tatsache anders und kommen zu unterschiedlichen Schlussfolgerungen. Die einen sehen darin die Gefahr des Untergangs für die Menschheit, die anderen halten den Wert im historischen Vergleich für unbedeutend.

Und beide stützen sich auf wissenschaftliche Erkenntnisse und Tatsachen für ihre Meinungen und Prophezeiungen. Oft genug werfen sich dabei beide Seiten gegenseitig Unwissenschaftlichkeit vor. Aber wer aus dem Publikum soll sich zurechtfinden im Wust der wissenschaftlichen Begriffe und Lehrmeinungen?

Dabei geht die eigentlich wichtige Frage völlig unter, nicht nur beim Thema Corona, sondern auch bei so manchen anderen gesellschaftlichen Fragen. Was ist wahr? Was entspricht der Wirklichkeit? Diese Frage tritt immer mehr in den Hintergrund in dieser Rechthaberei und dem Gerangel um Geltung und Einfluss.

Den meisten Menschen, für die Corona-Epidemie die bisher größte Bedrohung in ihrem Leben war, ist die Frage zweitrangig, wer Recht hat. Ihnen geht es darum, was richtig ist. Wo ist der feste Boden, von dem aus in die Zukunft aufgebrochen werden kann? Welche Aussagen sind wahr, was entspricht der Wirklichkeit? Fakten alleine helfen nicht weiter, wenn auch Tatsachen für die Richtigkeit von Aussagen unverzichtbar sind. Sie sind die Pfeiler, auf die sich die Brücke hin zur Wahrheit stützt.

Aber wie schon das Beispiel des Kohlendioxid zeigte, sind die Tatsachen alleine auch nicht ausreichend und auch nicht maßgebend, denn sie können unterschiedlich gedeutet werden. Keine Faktenflut kann die richtige Einordnung in der Entwicklung des Geschehens ersetzen. Bei der Deutung von Tatsachen hilft nicht alleine die Menge an Informationen sondern vielmehr Orientierung.

Welches Wissen und welche Erkenntnis sind wichtig für die Einschätzung der Lage? Was ist zum Erkennen der Wirklichkeit wichtig? Was ist von höherer und was von untergeordneter Bedeutung für das Verstehen der Vorgänge? Denn nur wer die Wirklichkeit richtig erkennt, kann auch die richtigen Schlüsse ziehen. Im Falle der Pandemie bedeutet das, die richtigen und wirksamen Maßnahmen zu ergreifen zur Überwindung der Bedrohung und zum Schutz der Menschen.

Gerade das Erkennen der Wirklichkeit ist der schwerste Teil der Übung und dann folgt noch als nächste Hürde das An-Erkennen der Wirklichkeit. Will man wahrhaben, was die Fakten über die Wirklichkeit aussagen? Trotz der Masse an Informationen, die nie größer war als heute, fehlt vielen Menschen die Orientierung zum Erkennen der Wirklichkeit.

Es ist akademischer Irrglaube, dass die Richtigkeit von Entscheidungen von dem Maß an vorliegender Information abhängt. Wer keine Vorstellung von der Wirklichkeit hat, kann aus noch so vielen und noch so vielfarbigen Mosaiksteinen nicht diejenigen auswählen, die nachher ein verständliches Bild ergeben.

Wer keinen Plan davon hat, wie die bunten Mosaiksteine des Wissens zusammengelegt werden können, dass dabei auch tatsächlich ein Abbild der Wirklichkeit entsteht, kann die Wirklichkeit nicht sachgemäß abbilden. Dazu gehört mehr als eine Fülle von Informationen. Dazu gehört vor allem ihre sachdienliche Auswahl für das darzustellende Abbild der Wirklichkeit.

Das aber bedeutet, dass es der Orientierung, der Ausrichtung, des Wissens um das Ziel bedarf. Und dieses Ziel heißt: das Erkennen der Wirklichkeit! Dabei geht es nicht um unsere Wünsche. Denn Wirklichkeit ist von diesen weitgehend unabhängig und entzieht sich in vielen Bereichen der Beeinflussung durch den Menschen.

Die Erde war immer eine Kugel, auch wenn die Menschen sie über Jahrhunderte für eine Scheibe hielten. Selbst als dieses Bild ins Wanken geriet, immer mehr in Widerspruch zur Wissenschaft geriet und die Vertreter des alten Weltbildes jene verfolgten, die ein neues predigten, an der Form der Erde änderte das nichts.

Ihre Wünsche nach dem Erhalt der alten Ordnung gingen unter im allmählich steigenden Meeresspiegel der neuen Erkenntnisse über die Wirklichkeit. Denn sie ist das Maß aller Dinge. An ihr müssen sich alle unsere Theorien messen lassen, alle unsere Meinungen und Ansichten. Jede Theorie, die nicht in Einklang steht mit der Wirklichkeit, ist falsch.

Vorliegendes Buch ist nicht wissenschaftlich, beansprucht auch nicht, die Wahrheit gefunden zu haben. Vielmehr geht es um Orientierung im Wust der Wahrheiten und Halbwahrheiten, der Manipulationen und Fehlinformationen. Es geht um Erkenntnis.

Es soll Orientierung vermittelt werden, andere Sichtweisen, die es ermöglichen, die Dinge anders zu sehen, die Fakten neu einzuordnen und zu werten, um die Vorgänge in der Wirklichkeit besser zu verstehen. Es geht nicht darum, die Tatsachen zu verändern, sondern den Blickwinkel, der alles in einem neuen Licht erstehen lässt – aber unter Wahrung der Tatsachen.

Rüdiger Rauls

Trier den 4.3.2021

Vorteil China

29.03.2020 von Rüdiger Rauls, auf politische Analyse

Corona hält die Welt in Atem, auch wenn sie den Atem anhält. So widersprüchlich wie dieser Satz, scheint besonders in den Medien, die sich als alternativ verstehen, die Auseinandersetzung mit dem Thema Corona.

China als Maßstab

Zurecht wird auf die Tatsache verwiesen, dass Heftigkeit und Auswirkungen der Grippewelle von 2017/8 wesentlich tiefgreifender waren als die der heutigen Epidemie. Trotzdem war sie nicht von solch drastischen staatlichen Maßnahmen und medialen Aufmerksamkeit begleitet. Das verwirrt viele oder macht sie misstrauisch. Aber wie ist dieser Widerspruch zu erklären?

Vielen scheint es unzweifelhaft, dass hier von nicht weiter definierten Eliten ein Weg zu einem neuen Faschismus geebnet werden soll. Andere vermuten ein abgekartetes Spiel der Pharmaindustrie oder der neoliberalen Oligarchie zur Maximierung ihrer Profite. Ein ganz wesentlicher Gesichtspunkt wird dabei übersehen: die Systemkonkurrenz.

Wie zu Zeiten der Sowjetunion sich alle Entwicklungen im Westen an denen der UdSSR messen lassen mussten, besonders was die sozialen Belange anging, so sieht sich heute der Westen zunehmend in einer erdrückenden Konkurrenz zu China. Die Volksrepublik feiert überall auf der Welt wirtschaftliche und politische Erfolge, denen der Westen immer weniger entgegen zu setzen hat.

Das allein wäre noch nicht so schlimm, handelte es sich hierbei nicht um eine Gesellschaft, die von einer kommunistischen Partei geführt wird. Und das Schlimmste für den Westen daran ist: China hat Erfolg, ohne seine Bürger ähnlich einzuschränken, wie man es dem sowjetischen Sozialismus seinerzeit zum Vorwurf machte.

Dieser Entwicklung versucht der Westen, mit Propaganda zu begegnen, die in erster Linie zwei Ziele verfolgt. Zum einen soll der eigenen Bevölkerung immer wieder die Überlegenheit der westlichen Demokratie vor Augen geführt werden. Zum anderen lässt man keine Gelegenheit aus, sich in die inneren Angelegenheiten Chinas einzumischen, um dort Unruhe zu wecken oder zu verstärken.

Dazu nutzte man 2019 die Unruhen in Hongkong ebenso wie die Politik Chinas gegenüber den Uiguren in der Provinz Xinjiang. Die

Kommunikationskonzerne Huawei, ZTE und Qualcomm sollen unter dem nicht belegten Vorwurf der Spionage für die chinesische Regierung wirtschaftlich behindert werden. Ihr technologischer Vorsprung gegenüber allen westlichen Unternehmen ist besonders den USA ein Dorn im Auge.

Vorbild China

Corona war ein weiterer willkommener Anlass, um China unter Druck zu setzen. Den Völkern im Westen sollte die Handlungsunfähigkeit der kommunistischen Regierung und deren Gleichgültigkeit gegenüber dem eigenen Volk vorgeführt werden.
Sehr früh schon informierte die Berichterstatterin der Frankfurter Allgemeine Zeitung, Frederike Böge, ausführlich, mitunter ganzseitig, über die Vorgänge in China. Tenor der Berichterstattung waren mangelnde Transparenz und Gleichgültigkeit gegenüber der Bevölkerung, die Unterdrückung kritischer Berichterstattung und die Verfolgung von Kritikern der staatlichen Maßnahmen.
Alles, was die chinesischen Behörden unternahmen, schien nach Böge und FAZ nur einem einzigen Ziel zu dienen: Die eigene und die Unfähigkeit der kommunistischen Partei zu vertuschen, die chinesische Bevölkerung zu unterdrücken und das Machtinteresse der kommunistischen Führer über das Wohl der Menschen zu stellen. Es wurden also die altbekannten antikommunistischen Klischées bedient.
Der Kampf gegen das Corona-Virus wurde besonders von der FAZ, dem Leitorgan der herrschenden Klasse in Deutschland, aufgebaut zu einem Kampf der Gesellschaftssysteme. Hier sollte sich die Überlegenheit des freiheitlich westlichen Modells gegenüber dem autoritär-kommunistischen in China beweisen.
Aber es kam anders. Die Bilder von etwa fünfzig Baggern, die innerhalb einer Woche in Wuhan ein Krankenhaus mit Tausend Betten aus dem Boden stampften, widerlegten die westliche Propaganda. Das rang allen Beobachtern Respekt ab und machte Eindruck bei den westlichen Medienkonsumenten.
Die chinesischen Behörden und die kommunistische Partei im Hintergrund vollbrachten, was die meisten Zuschauer keiner westlichen Regierung zutrauen würden. China baute in Windeseile Krankenhäuser. Zudem unterbrach es mit seinen weiteren Maßnahmen die Infektionsketten innerhalb kürzester Zeit.
Dass ihnen das Wohl der Bürger mehr am Herzen lag, als die westliche Propaganda glauben machen wollte, zeigten das Kündigungs-

verbot von Arbeitern in den Staatsbetrieben und die Aktivierung von Nachbarschaftskomitées zur Versorgung und Betreuung der Bevölkerung. Niemand wurde sich selbst überlassen. Davon können die 70.000 Obdachlosen in New York und die Besucher der deutschen Tafeln nur träumen, denen die lauwarmen Worte westlicher Politiker vielleicht das Herz erwärmen, nicht aber den Magen füllen und die Zukunftsangst nehmen.

Die Propaganda schlägt zurück

China hat fürs Erste das Corona-Virus besiegt. Dagegen versinkt der Westen immer tiefer in der Krise. Nun fällt er in die Grube, die man den Chinesen hatte graben wollen. Denn die westlichen Maßnahmen werden an den chinesischen gemessen, und diese Bilanz fällt ernüchternd aus.

Hinter all das, was China ergriffen hatte zum Schutz seiner Bevölkerung, darf der Westen nicht zurückfallen, will er nicht Gefahr laufen, unglaubwürdig zu werden. Will man nicht gegenüber China ins Hintertreffen geraten, muss man zumindest auch das auf sich nehmen, was die Chinesen auf sich genommen haben, sonst hat man den Kampf der Systeme in der öffentlichen Wahrnehmung verloren.

Wie hätte man der eigenen Bevölkerung erklären können, dass man nicht bereit ist, dieselben Maßnahmen zum Schutze der Menschen zu ergreifen, die die Chinesen ergriffen hatten? Wieso nimmt die freiheitliche westliche Gesellschaft nicht die Opfer auf sich, die eine angeblich menschenverachtende Diktatur wie das sozialistische China im Interesse der Bevölkerung ergreift? Hier liegt der Kern dessen, was zur Zeit in den westlichen Staaten unternommen wird im Kampf gegen Corona.

Es geht nicht um die Einschränkung der Bürgerrechte durch machtbesessene Eliten, auch nicht um die Profitgier der Konzerne, denn viele werden erheblichen Schaden nehmen durch die Einschränkung der Wirtschaftstätigkeit. Es geht ganz allein um den Systemkonflikt mit China. Den will man unter keinen Umständen verlieren. Den Wirtschaftswettlauf hat man schon so gut wie verloren, nun will man nicht auch noch im gesellschaftspolitischen Wettkampf unter die Räder kommen.

Dieser politische Konflikt, den Medien und Politiker im Westen selbst und ohne Not vom Zaun gebrochen hatten, hatte bei der Grippewelle von 2017/8 keine Rolle gespielt. Damals war der Kampf gegen die Grippe nicht als Kampf um die gesellschaftliche Überlegenheit geführt worden. Deshalb wurde der Zahl der Toten

und Infizierten nicht diese Bedeutung beigemessen, wie heute.
Die Punkte im Kräftemessen der Systeme, das der Westen ausgerufen hat, werden verteilt durch die Zahl der Infizierten und der Toten in den beiden Gesellschaftssystemen. Und nach Punkten liegt China klar vorne.

Trügerische Selbstsicherheit

Vielleicht war man im Westen auch so naiv zu glauben, dass das Virus wie bei den Epidemien zuvor sich weitgehend in China austoben würde und der Westen verschont bliebe. Dafür spricht, dass das benachbarte Süd-Korea Anfang Februar an China noch 1,5 Mio Atemschutzmasken verschenkt hatte. Wenige Wochen später fehlten diese dann sehr schmerzlich im eigenen Lande. Dennoch muss dieser Akt der Menschlichkeit durch die Regierung Süd-Koreas gewürdigt und wertgeschätzt werden.

Auch die deutsche Politik ließ in überheblicher Selbstgewissheit über das eigene Krisenmanagement leichtfertig Zeit verstreichen, anstatt sich anhand der chinesischen Erfahrungen auf die Epidemie vorzubereiten. Noch im Februar ließ man in Deutschland Karnevalsveranstaltungen in geschlossenen Räumen zu, während man Umzüge wegen der Sturmgefahren absagte. Starkbierfeste durften noch im März im Kreis Tirschenreuth abgehalten werden. Nur wenige Wochen später explodierten dort und in der Karnevalshochburg Heinsberg die Infektionszahlen.

Aber man wollte anscheinend auf keinen Fall sich die Erfahrungen des „Unrechtsstaates" China zunutze machen. Vielleicht wäre man zu Maßnahmen gezwungen, die man zuvor immer wieder angeprangert hatte als Beispiele für übergriffiges Verhalten autoritärer Behörden. So wurden keine Kontrollen an den Flughäfen durchgeführt, weder auf Fieber noch auf Herkunft. Selbst die aus aller Welt zurückgeholten deutschen Bürger, von denen man nicht wusste, ob sie vielleicht Überträger waren, konnten nach der Umarmung durch ihrer Angehörigen trotz schon geltendem Abstandsgebot sich unkontrolliert in die deutsche Gesellschaft verteilen.

Wie ungenügend die Vorbereitungen waren, zeigt der eklatante Mangel an Schutzausrüstungen. Warum fehlt es nach Wochen der Epidemie immer noch am Nötigsten? Wie beschämend sind doch gerade die Berichte über Menschen, die in Heimarbeit mit einfachsten Mitteln Mundschutz herstellen! Sie werden in den Medien als Helden gefeiert und zur Nachahmung empfohlen. Was für eine Bankrotterklärung für ein hochindustrialisiertes Land!

Dabei wäre das doch nach den Erfahrungen aus China und Asien überhaupt der erste Schritt gewesen. In allen Berichte über das Leben dort, sind nur Menschen mit Mundschutz in der Öffentlichkeit zu sehen. Ohne Mundschutz darf niemand auf die Straße.

Offensichtlich und notwendig

Sind unsere Meinungsmacher schon so vernebelt, dass ihnen das Offensichtliche in der Wirklichkeit schon nicht mehr auffällt. Noch immer gibt es „Experten", die dem Mundschutz wenig Bedeutung beimessen, sogar dagegen anreden. In der öffentlichen Diskussion spielt das Thema so gut wie keine Rolle. Natürlich, für die Medien ist Mundschutz unspektakulär. Viel dramatischer ist das Trommeln für Ausgehverbote. Denn Dramatik verschafft Aufmerksamkeit, das Pfund im Kampf um Einschaltquoten und Werbeeinnahmen.

Wie die neusten Bilder aus China offenbaren, wird dem Mundschutz eine höhere Bedeutung beigemessen als Ausgangsbeschränkung und Abstandsgebot. Während die Menschen wieder sich mehr in der Öffentlichkeit aufhalten und sogar Restaurants wieder öffnen können, trägt man trotzdem weiterhin Mundschutz. In Deutschland ist er jedoch die Ausnahme und schon gar keine Verpflichtung.

In ihrem Beitrag „Wege aus der Corona-Krise" vom 28.3.20 beschreibt die FAZ auf einer ganzen Seite wirkungsvolle Mittel im Kampf gegen die Epidemie. Auch dem Mundschutz werden einige Zeilen gewidmet. Es ist dabei bezeichnend, dass in der Frage des Mundschutzes der direkte Eigenschutz immer wieder im Vordergrund steht. Das zeigt deutlich die individualistische Ausrichtung der Gesellschaftsmitglieder.

Dabei liegt die Bedeutung des Mundschutzes nicht im direkten Eigenschutz, sondern in seiner indirekten Auswirkung durch den Schutz der Gesamtgesellschaft. Er ist das wirksamste Mittel zur Unterbrechung der Infektionsketten, denn er unterbindet den eigenen Tröpfchenflug. Über den Schutz des Gegenübers schützt sich der Träger der Maske selbst, indem er dazu beiträgt, die Aufrechterhaltung der Infektionskette durch sich selbst zu unterbinden. Denn wer keine Symptome ausbildet, ist noch lange nicht keimfrei.

„Unbestritten ist der Schutz anderer durch das Tragen der Maske", schreibt die FAZ in ihrem oben erwähnten Beitrag. Aber wenn doch diese Erkenntnis vorliegt, stellt sich die Frage, weshalb sie nicht in der Praxis durch die politisch Verantwortlichen umgesetzt wird? Auch hierauf gibt die FAZ gleich die Antwort: Es gibt nicht genug Masken.

Monate, nachdem die Epidemie in China ausgebrochen war, und Wochen, seitdem sie in Italien die Menschen dahinrafft, hat es die deutsche Politik nicht geschafft, die Bevölkerung mit Masken zu versorgen. Das soll die gute Vorbereitung sein, mit der Gesundheitsminister Spahn vor wenigen Wochen vollmundig die Bevölkerung in Ruhe und Sicherheit gewiegt hatte?

Aber auch dafür gibt es eine einfache Erklärung. „Neunzig Prozent der bisherigen Nachfrage nach Atemschutzmasken hatte bisher die chinesische Industrie gedeckt". Sind auch hier wieder die Chinesen schuld? Nein, denn so die FAZ: „Dabei kommen sowohl das medizinische Vlies, …, als auch die Maschinen, mit denen sie produziert werden, oft aus Deutschland." Man wäre also unter diesen Voraussetzungen nicht unbedingt auf chinesische Produkte angewiesen.

Was steht also dann der Produktion von Masken in Deutschland im Wege? Was wäre leichter als ein Erlass der deutschen Regierung an die deutsche Industrie, deutsche Masken für deutsche Krankenhäuser und Bürger herzustellen, also die Erfüllung einer nationalen Pflicht einzufordern in schwierigen Zeit? Schließlich sollen wir doch alle zusammenrücken und Solidarität zeigen.

Aber so einfach ist es nicht. Vor Solidarität und völkischem Appell steht die Rendite. Denn so die FAZ: „Erst wegen der nun steigenden Preise beginnt sich die Produktion für deutsche Mittelständler wieder zu lohnen." Ist das gelebte Solidarität?

Anders verfuhr da die chinesische Regierung. Sie verbot allen Produzenten den Export von Masken, Rendite hin – Rendite her. Dieses Verbot schloss auch die Fabriken ausländischer Konzerne ein. Peking übernahm kurzerhand eine Niederlassung des amerikanischen Unternehmens 3M, um die Produktion von Masken sicher zu stellen.

Forderungen statt Kritik

Trotz aller Einschränkungen für die Bürger und Defizite der deutschen Führung steigen die Zustimmungswerte der Regierungsparteien sprunghaft an. Die Menschen wissen, dass nur die Regierung Entscheidungen treffen und Maßnahmen ergreifen kann. Sie hat die finanziellen und organisatorischen Mittel dazu, und deshalb schließen sie sich hinter ihrer Regierung zusammen. Die Kritiker besonders der links-intellektuellen Milieus können ihnen außer anderen Sichtweisen im Moment nichts geben, was ihnen den Alltag erleichtern könnte.

Wer aus welchen Gründen auch immer die Epidemie leugnet, macht sich gegenüber der Bevölkerung unglaubwürdig. Denn diese fühlt sich bedroht: durch das Virus, durch die Einschränkungen, durch drohenden Mangel. Will man also an Einfluss bei der Bevölkerung gewinnen, sollte man deren Ängste ernst nehmen. Die Verbreitung anderer Sichtweisen mindert dieses Gefühl der Bedrohung nicht, sondern steigert nur die Verunsicherung, solange sie keine Handlungsmöglichkeiten oder gar Auswege aus der Krise aufzeigen kann. Eine Forderung, die dem Gefühl der Bedrohung in die Möglichkeit zu handeln umwandeln könnte, ist die nach einem umfassenden Mundschutzgebot. Niemand darf sich in der Öffentlichkeit mehr ohne Mundschutz bewegen. Das bedeutet aber auch, dass die Regierung endlich für die Versorgung mit Masken sorgen muss, notfalls per Erlass gegenüber der deutschen Industrie. Die Erfahrungen aus China und dem Rest Asiens zeigen, dass der Mundschutz das wirksamste Mittel gegen die Ausbreitung der Epidemie ist.

Eine zweite Forderung ist die Unterstützung der Tafeln. Die Versorgung der Ärmsten in einer der reichsten Gesellschaften der Welt ist zunehmend bedroht durch Hamsterkäufe und Lebensmittelverknappung infolge von Lieferschwierigkeiten. Dass es überhaupt Tafeln in einem solch reichen Land gibt, ist ein Armutszeugnis. Deshalb die Forderung an die Politik, die Tafeln finanziell zu unterstützen und nicht weiter in die Abhängigkeit von geringer werdenden Spenden und Zuwendungen abgleiten zu lassen.

Deshalb die Forderung an Regierung und die Bitte um Veröffentlichung und Unterstützung dieser Forderungen durch die alternativen Medien:

Mundschutz-Erlass für die Öffentlichkeit

Finanzielle Unterstützung der Tafeln durch den Staat

Reif für die Abwahl: Kabinett Merkel

9.4.2020 Friedhelm Klinkhammer und Volker Bräutigam, auf
Publikumskonferenz

*Seehofers „Studie" beweist pure Unfähigkeit. Nach der Pandemie
ist eine Generalabrechnung fällig*

Die innenministerielle Studie „Wie wir Covid-19 unter Kontrolle
bekommen"[1] sollte geheim bleiben ("VS- Verschlusssache").
Inzwischen ist sie Gegenstand harter Kritik an der Bundesregierung
und wilder Spekulationen über deren Absichten. Obwohl sogar die
Tagesschau kurz über das Papier berichtete, blieben sein Urzweck
und die daraus abzuleitende Bankrotterklärung weitgehend unbe-
achtet: Das „Geheimpapier" dokumentiert ungewollt, dass das bun-
desweite Ausgehverbot samt schwerwiegenden Folgen vermeidbar
gewesen wäre.

Die Studie hatte darlegen sollen, wie man der Bürgermehrheit
schmerzliche und äußerst kostspielige Solidarität mit der von der
Virus-Epidemie überdurchschnittlich gefährdeten „Risikogruppe"
abfordern könnte und wie man diese Maßnahmen „kommunizieren"
müsse.[2] Klartext: Abgenötigte Solidarität mit Rentnern, Behinderten, Vorerkrankten und Schwachen. Das sind 30 Millionen Menschen. Von wegen „Gruppe"!

Der erste Covid-19-Fall in Deutschland wurde am 28. Januar
gemeldet. Bei sofortigen Massentests und strikter Isolation der
Infizierten wie in Südkorea hätte das Alltagsleben bei uns ebenfalls
ohne wesentliche Einschränkungen weitergehen können. Dazu fehlten hierzulande jedoch nicht nur die materiellen Voraussetzungen. Es
gab keinen politischen Willen dazu.

Südkorea hatte die „Vorwarnzeit" nach dem Ausbruch der Epidemie
in der Volksrepublik China umgehend genutzt. In Deutschland
wurde sie verbummelt. Die Kanzlerin war dem Alltag entschwebt,
der Gesundheitsminister damit beschäftigt, für den CDU-Vorsitz zu
antichambrieren; seinen Kandidaturverzicht teilte Spahn erst am 25.
Februar mit.[3] Er hätte in den Wochen zuvor wahrhaftig Wichtigeres

---

1   https://fragdenstaat.de/dokumente/4123-wie-wir-covid-19-unter-kontrolle-
    bekommen/

2   Ein gelungenes Beispiel – bereits fünf Millionen Klicks – stellt das
    „Mailab"-Video dar. https://www.youtube.com/watch?
    v=3z0gnXgK8Do&feature=youtu.be.

3   https://de.wikipedia.org/wiki/Jens_Spahn#Bewerbung_um_den_CDU-
    Vorsitz

zu tun gehabt, als seinen Karriereabsichten zu frönen.

Es fehlte an allem

Seit Anfang Januar war unübersehbar, dass Covid-19 in der Bundesrepublik auf ein unvorbereitetes Gesundheitswesen treffen würde: neoliberal heruntergeschrumpfte personelle und materielle Kapazitäten, ungenügende Krankenhausversorgung und zu wenig Potential für Intensivpflege. Die Abwehrkonzepte in Fernost wurden weder beachtet noch gar Vergleichbares für Deutschland erwogen: Rigorose Quarantäne und Schutzmaßnahmen (VR China), „flächendeckende" Suche nach Infizierten und deren strikte Isolation (Südkorea) sowie Kombinationsformen beider Konzepte (Singapur, Hongkong, Taiwan).

In einer Regierungserklärung hatte Spahn noch am 4. März erklärt, die Ansteckungsquelle („im Ausland") sei erkannt, alle betroffenen Deutschen sowie ihre Kontaktpersonen seien in Quarantäne genommen worden. „So ist es uns über Wochen hinweg gelungen, eine Ausbreitung zu verhindern."[4]

Wer es gewohnt ist, die Machtapparatur einer Regierung kritisch im Auge zu halten, konnte es erkennen: Bundesinnenminister Horst Seehofer wusste längst, dass Spahn „über Wochen hinweg" Zeit verplempert hatte und mit seinem „weiter so" nichts mehr zu verhindern war. Schließlich war „der Horstl" selbst einmal Gesundheitsminister gewesen.[5] Substanziell Unerlässliches geschah nicht. Das Kabinett Merkel hatte den Kopf in den Sand gesteckt und beließ ihn da.

Am 18. März schließlich erteilte Seehofer ohne Rücksicht auf Spahns Zuständigkeiten einen Eilauftrag: Sofort zusammenstellen, mit welchen Maßnahmen das Tempo der Masseninfektion zu drosseln wäre. Die Studie „Wie wir Covid-19 unter Kontrolle bekommen" entstand binnen weniger Tage mithilfe des Robert-Koch-Instituts und weiterer Fachleute, auch von ausländischen Universitäten. Einige ihrer Vorschläge dürften bereits am 23. März den ersten weitergehenden Maßnahmen – Ausgangsbeschränkungen, Abstandsgebot – zugrunde gelegen haben.

---

4   https://www.bundesgesundheitsministerium.de/presse/reden/regierungserkla
    erung-coronavirus.html
5   https://de.wikipedia.org/wiki/Horst_Seehofer#Ämter_in_Bundesministerien
    _und_Bundesregierung_(1989_bis_2008)

„Im schlimmsten Falle..."

Die Expertengruppe ging – methodisch konsequent – vom zwar unwahrscheinlichen, aber denkbar schlimmsten Ausmaß der Epidemie aus, falls man die Dinge einfach laufen ließe: von bis zu 1,2 Millionen Toten. (siehe Quelle in Fußnote 1) Alle mindernden Abwehrkonzepte werden in dem Papier erörtert und ihre Effizienz gegen die sozialen und ökonomischen Risiken abgewogen. Folgerichtig empfahlen die Experten der Bundesregierung das Südkorea-Modell:
"Dort wurden mit minimalen Ausgangsbeschränkungen, vor allem durch effizientes Testen und Isolieren, die verschiedenen Ausbrüche erfolgreich unter Kontrolle gebracht." (siehe Quelle in Fußnote 1, Seite 2)
Warum klappte das in Deutschland nicht? Warum mussten hierzulande umfassende Ausgangsbeschränkungen verhängt und die rigorose Schließung von Betrieben und Geschäften mit viel Publikumsverkehr verhängt werden – zwar bei weitem keine so strikte Quarantäne wie in China, aber ausreichend Anlass für Verunsicherung, öffentlichen Streit über Berechtigung, Angemessenheit und Zweckmäßigkeit? Für ins Absurde abgleitende Debatten, bis hin zu abenteuerlichen Spekulationen über Absichten und Ziel dieser Ersatzhandlungen?
Die kaum zu fassende Antwort darauf ergibt sich aus zwei so entscheidenden wie verschnörkelten Sätzen in dem Strategiepapier:
"In der jetzigen Phase der Epidemie können wir (hoffentlich) davon ausgehen, dass die Testkapazität sehr schnell hochgefahren werden kann. Davon ausgehend ist es besser, eine sehr scharfe, aber kurze Periode der Ausgangsbeschränkungen zu haben, nur bis die Maßnahmen zu Testen und Isolieren greifen." (siehe Quelle in Fußnote 1, Seite 15)
Mit anderen Worten: Die Bundesregierung hat wochenlang weitergeschlafen, statt schon Ende Januar die „Testkapazität sehr schnell hochzufahren". Sie konnte dem südkoreanischen Vorbild nicht folgen, weil die deutschen Kapazitäten noch Anfang März erst für 7000 Tests pro Tag reichten.
Inzwischen sind sie zwar auf knapp 100.000 ausgebaut worden[6], geplant ist eine Verdopplung. (siehe Quelle in Fußnote 1, S.15).Eine Rechn ung ohne den Wirt. „Staatsvirologe" Christian Drosten ließ am 7. April wissen, dieses Ziel sei nicht erreichbar, es stünden

---

6   https://www.swr.de/swraktuell/corona-testkapazitaeten-gesteigert-100.html

„bestimmte Reagenzien" für die Testkits nicht zur Verfügung.[7] Im Skat würde man dem Mitspieler Spahn sagen: Hosen runter.

Die Regierung sah sich gezwungen, die verplemperte Zeit aufzuholen. Eine rasante Ausbreitung der Infektion war nur noch mit massiven Ausgangssperren und Kontaktverboten zu bremsen. Gute Vorbereitung und sofortiges Handeln wie in Südkorea hätten das wahrscheinlich überflüssig gemacht. Das ganze Gerede drumherum diente dem Zweck, das politische Versagen zu verschleiern.

Deshalb sei hier noch einmal daran erinnert, dass Minister Spahn am 22. Januar verkündet hatte: „Falls das Virus in Europa auftaucht, gibt es entsprechende Pläne."[8] Wichtig sei, schnell herauszufinden wo sich der Infizierte angesteckt haben könnte und dann alle Betroffenen rasch zu informieren. „Dazu ist unser Gesundheitssystem in Europa inzwischen in der Lage".(ebd.)

Noch Anfang März, Konsequenz der Rat- und Tatenlosigkeit, redeten die Verantwortlichen in Berlin die Gefahren klein, obwohl es schon 8000 Infizierte in Deutschland gab. Zur Beschwichtigung der aufkommenden großen Unruhe dienten Lügen, Ausreden und Ablenkungsmanöver. Die Massenmedien wurden eingespannt wie üblich, Jens Spahn törnte von einer Pressekonferenz zur nächsten.

Bundeskanzlerin Merkel, ersichtlich ungenügend im Bilde, sagte im März noch voraus, die Ansteckung werde 60 bis 70 Prozent der Bevölkerung erfassen; sie setzte offenkundig darauf, dass das kontrolliert werden könne und sich parallel eine „Herdenimmunisierung" entwickle.[9] Wusste sie nichts oder war sie falsch beraten?

Die Nase voll

Aus dem „Geheimdokument" lässt sich schließen, dass Seehofer spätestens Mitte März vom Herumlavieren der Kanzlerin und ihres Gesundheitsministers die Nase voll hatte: Die Bevölkerung müsse jetzt mittels äußerster Dramatisierung zu der Einsicht gedrängt werden, dass es zum rigorosen Regierungshandeln „keine Alternative" mehr gebe. (siehe Quelle in Fußnote 1, S.16)

Aussichtslos die Hoffnung, man könne nach kurzer Allgemein-Quarantäne zu den in Südkorea erprobten Methoden übergehen und Deutschland aus der Malaise führen. Virologie-Supermann Drosten

---

7   https://www.gmx.net/magazine/news/coronavirus/coronavirus-drosten-wichtigsten-massnahmen-kontaktsperre-34589138

8   https://www.tagesschau.de/ausland/china-coronavirus-109~_origin-fa50c138-c8dd-4a0c-9eb2-98e8a8aa84cf.html

9   https://www.zeit.de/politik/deutschland/2020-03/angela-merkel-corona-pressekonferenz-jens-spahn

am 23. März: „Die in Südkorea vorhandene Personaldecke ist in Deutschland nicht vorhanden."[10]
In die Scheinwelt des Gesundheitsministers drang er damit augenscheinlich nicht vor. Der tönte noch am 26. März auf einer Bundespressekonferenz von der Nützlichkeit des Südkorea- „Trackings", von der Auswertung von Handy-Daten zur Ermittlungen von Bewegungsprofilen und Kontaktpersonen Infizierter sowie von über 500.000 bereits durchgeführte Testungen bei uns – hierzulande also alles paletti...

„Die unfähigste Regierung seit 1949"[11] inszenierte sich, wie wir sie kennen: verstrickt in Widersprüchen, mit fehlender Transparenz und mit Durcheinandergerede ihrer Minister sowie deren Spitzenbeauftragten. Dazwischen zwei Ansprachen der Kanzlerin im Gestus der omnipotenten Mutti der Nation.

Und die Tagesschau? Der Rechercheverbund von NDR, WDR und Süddeutsche Zeitung hatte das Strategiepapier des Innenministers entdeckt. ARD-aktuell berichtete darüber kurz und indifferent in ihren Fernsehnachrichten[12], ausführlicher auf tagesschau.de.[13] Die Redaktion ließ aber offen, wie die Studie des Innenministeriums politisch einzuschätzen und zu interpretieren sei: Erklären, aufklären, sichtbar machen, dass da ein politischer Offenbarungseid geleistet worden war? Fehlanzeige. Stattdessen der für Staatsfunker typische Verlautbarungsjournalismus unter Beachtung des Interesses der Bundesregierung.

Wann endet der Albtraum? Die Kanzlerin hat auch auf ihrer Pressekonferenz am 6. April abgelehnt, die Regierungsstrategie offenzulegen. Fragen nach den Kriterien, nach Gestalt und Termin eines Exits aus dem Anti-Pandemie-Regime wich sie aus oder lehnte eine Antwort ab.[14] Das weitere Vorgehen hänge „von der Entwicklung der Infektionszahlen" ab.

Von der Kanzlerin muss man erwarten, dass sie konkrete Vorstellungen über die Beendigung des Ausnahmezustands hat, über die Rückführung in den Normalzustand. Merkels sture Heimlichtuerei und ihr Herumdrucksen strapazieren das Verständnis einer wachsenden Zahl von Bürgern.

---

10 https://www.youtube.com/watch?v=LZPRpvPbMe0&t=100s.
11 https://egon-w-kreutzer.de/nachdenklich-virologisches-zum-wochenende
12 https://www.tagesschau.de/multimedia/sendung/tt-7413.html
13 https://www.tagesschau.de/investigativ/ndr-wdr/corona-strategiepapier-szenarien-101.html
14 https://www.phoenix.de/sendungen/ereignisse/phoenix-vor-ort/live—statement-und-pressekonferenz-von-bundeskanzlerin-angela-merkel-a-1575270.html

Die Schickeria

Derweil zeigen die Spitzen von Politik und Gesellschaft bedrükkenden Mangel an Solidarbewusstsein im Hinblick auf den Alltag von Millionen armer Menschen, auf das Leben der „Hartzer", Armutsrentner, Behinderten, Tafelbesucher und anderen „Prekären": Keine Reisen, kein Shoppen nach Lust und Laune, keine Soireen, keine „angesagten" Restaurants, keine Besuche in Opernhäusern und Bordellen, kein üblicher gesellschaftlicher Luxus – kurzum, den Verzicht auf ihre dolce vita wollten sich mehr und mehr „Bessergestellte" schon nach 14 Tagen nicht länger zumuten lassen.

Als das schändliche Hartz-IV-Regime verfügt und Millionen sozial Schwachen die Würde und sogar die bescheidensten Altersrücklagen genommen wurden, war das dieser Schickeria egal. Jetzt plärren die Betuchten und pochen auf ihre „Grundrechte".

Bekannte Fürsprecher dieser Linie gibt es zuhauf. Der Ökonom Thomas Straubhaar setzt auf „kontrollierte Infizierung", Selektion und "Schutz" der Risikogruppe.[15] Wie das mit 30 Millionen Schutzbedürftigen gehen soll, lässt er freilich offen. Boris Palmer, Tübinger Oberbürgermeister und Aushängeschild der Grünen, assistiert: „Menschen, die über 65 Jahre alt sind, und Risikogruppen werden aus dem Alltag herausgenommen".[16]

Die ehemalige Verfassungsrichterin Gertrude Lübbe-Wolff: „Ich denke, es wird über kurz oder lang darauf hinauslaufen müssen, dass die einschneidenden Restriktionen sich auf Ruheständler und andere spezielle Risikogruppen konzentrieren."[17] Falls die Bundesregierung bezweckt hatte, die Bevölkerung von Restbeständen ethischer Grundsätze zu befreien, so kann sie erste Erfolge verbuchen. Auch die Tagesschau gibt sich als Podium dafür her.

Absolut Unvergleichbares wird in diesem „Diskurs" bedenkenlos gegeneinander abgewogen: zuallererst das Grundrecht auf Leben und Gesundheit gegen das Grundrecht auf Eigentum. Natürlich ohne jeden Gedanken daran, den Geldadel bezahlen zu lassen, ihn zur Entlastung der Armen und sozial Isolierten heranzuziehen – obwohl er über Netto-Geldvermögen von mindestens 6 Billionen Euro

---

15 https://www.focus.de/finanzen/news/konjunktur/kontrollierte-infizierung-
top-oekonom-zum-grossen-shutdown-die-oeffentliche-meinung-wird-
kippen_id_11799885.html

16 https://www.t-online.de/nachrichten/panorama/id_87656462/gruenen-
politiker-stroebele-droht-bei-benachteiligung-von-risikogruppen-mit-
klage.html

17 https://www.augsburger-allgemeine.de/politik/Fruehere-
Verfassungsrichterin-Ausgangssperre-zulaessig-id57102161.html

verfügt[18], die sich auf fiskalische Präferenzen stützen, wie sie dem „kleinen Mann" niemals zuteilwerden.

Die Bundesregierung verfügt über alle medialen und exekutiven Machtmittel zur Manipulation der Massen und wendet sie längst an. Auch jetzt, wie der Inhalt der Seehofer-Studie und der Umgang mit derselben zeigen. Nach dem Abflauen der Covid-19-Pandemie müssen diese Offenbarung regierender Unfähigkeit und deren bleibende Schäden wieder auf den Tisch kommen. Remedur ist unabdingbar, es muss mit Merkels Gruselkabinett abgerechnet werden, politisch und persönlich. Dazu haben wir das Parlament – und die Justiz.

---

18 https://www.tagesgeldvergleich.net/statistiken/geldvermoegen.html

Keine Feigheit vor dem Virus!

22.04.2020 von Rüdiger Rauls, auf politische analyse

Die Auseinandersetzung um den Mundschutz nimmt irrationale Züge an. Es scheint um mehr zu gehen als um ein unbedeutendes Stück Stoff.

Freiheit statt Mundschutz

Ein kleiner Lappen kommt groß raus, beziehungsweise soll das gerade nicht. Vor wenigen Wochen noch stuften Robert-Koch-Institut und auch die WHO den Mundschutz als schädlich ein. Wenig später dann wurde er halbherzig empfohlen, mittlerweile rät man dazu.

Aber eine Mundschutz-Pflicht scheuen die öffentlichen Stellen noch immer wie der Teufel das Weihwasser. Die Argumente sind fadenscheinig. Er scheint für die politisch Verantwortlichen eine größere Bedeutung zu haben, als man bei einem so unscheinbaren Gegenstand annehmen sollte.

Das Problem ist, dass er nicht so unscheinbar ist, wie man mancher glaubt. Denn er trennt das Erscheinungsbild der westlichen von den asiatischen Gesellschaften. Ist er im asiatischen Alltag allgegenwärtig und selbstverständlich, so zeigte er sich bisher im Westen nur verschämt im öffentlichen Leben. Im Gegensatz zu Bildern und Berichten aus China trägt kaum ein westlicher Politiker vor den Kameras Mundschutz. Man könnte meinen, ihn anzulegen, komme dem öffentlichen Eingeständnis von Feigheit vor dem Feind gleich.

Vielmehr wird eher das Bild vermittelt, dass es sich für Verteidiger von Demokratie und Rechtsstaatlichkeit gehöre, gerade keinen Mundschutz zu tragen. Der linientreue Verfechter der westlichen Werte lässt sich doch von einem Virus nicht einen Maulkorb anlegen und in seinen individuellen Freiheitsrechten beschneiden. Da gilt es standhaft zu bleiben auch unter Einsatz des eigenen Lebens.

Der Zusammenhang von Mundschutz und Einschränkung der Freiheit klingt immer wieder an in öffentlichen Erklärungen. Nach der Konferenz der Ministerpräsidenten mit Kanzlerin Merkel am 15.April rechtfertigte Laschet die unterlassene Mundschutz-Pflicht: Man wolle dem Bürger mit Vertrauen begegnen statt mit Verordnungen und Strafandrohungen.

Das hört sich auf den ersten Blick sehr verbunden und verbindlich an, ist aber heuchlerisch und fadenscheinig. Denn bei dem im

Westen immer wieder als Allheilmittel hervorgehobenen Abstandsgebot setzt man weniger auf Bürgernähe und Liberalität. Hier wird
mit jenen Strafen und Verordnungen gearbeitet, die man beim
Mundschutz vorgibt, vermeiden zu wollen.

Es geht ums Prinzip

Mundschutz ist mehr als nur Virenabwehr. Er scheint in den Augen
der Verantwortlichen besonders in Deutschland zu einer politischen
Demonstration zu werden. Er ist der Stachel im Fleisch derer, die
vollmundig erklärt hatten, alles im Griff zu haben. Er ist die ständige
Erinnerung an ihr Versagen. Er führt den großen Machern wie
Gesundheitsminister Jens Spahn die eigene Unfähigkeit vor Augen.
Obwohl er den Mund verschließt, stellt der Mundschutz die bisher
unausgesprochene und überfällige Frage: „Wieso ward Ihr nicht in
der Lage, Eure eigene Bevölkerung frühzeitig und ausreichend mit
diesem Schutz zu versorgen?"
Am 31.12.2019 hatte China die WHO über die neuartige Krankheit
informiert, vor also fast vier Monaten. China war noch unvorbereitet, unsicher und deshalb abwartend mit der Bekanntgabe dieser
neuen Erkenntnis. Das werfen ihm gerade diese Staaten vor, die bis
heute noch weniger unternommen haben zum Schutz der eigenen
Bevölkerung trotz längerer Vorwarnzeiten, als China sie hatte.
Italien und Spanien wurden noch überrascht von der Heftigkeit der
Pandemie. Für Italiens Zögern zeigten westliche Medien jedoch
Verständnis. So kommentierte die Frankfurter Allgemeine Zeitung
das abwartende Verhalten Roms, aber auch das des deutschen
Gesundheitsministers nach dem Auftreten erster Infektionen im
eigenen Land: „ … alle Politiker wandeln auf einem schmalen Grat.
Einerseits dürfen sie nicht durch unbedachte Äußerungen panische
Reaktionen der Öffentlichkeit provozieren."[19]
Der Spagat zwischen Beruhigung und Handlungszwang ist also den
Meinungsmachern bekannt. Dennoch sucht man vergleichbares
Verständnis für Chinas vorsichtiges Vorgehen zu Beginn der Epide-
mie bei westlichen Medien und Politikern vergebens. Im Vergleich
zu China, aber auch Italien, Frankreich und Spanien wurden
Deutschland, England und die USA recht spät vom Virus erfasst.
Man hätte demnach genügend Zeit und vor allem die finanziellen
Mittel gehabt, für ausreichend Schutz zu sorgen.

---

19 Frankfurter Allgemeine Zeitung(FAZ) vom 25.2.2020: Das Virus,
   Kommentar von Peter Sturm

Die an den Tag gelegte Sicherheit und Unerschrockenheit westlicher Politiker besonders in England, USA und auch Deutschland waren Überheblichkeit oder gar Borniertheit. Und: Sie wollten partout nicht von China lernen. Der Systemkonflikt, den westliche Meinungsmacher vor Jahren ausgerufen und seitdem betrieben haben, verbot ihrem Stolz, aus den Erfahrungen des Systemgegners zu lernen. Der politische Konkurrenzkampf war ihnen trotz aller öffentlichen Beteuerungen wichtiger als die Sorgfaltspflicht gegenüber der eigenen Bevölkerung.

Unterschiedliches Gesellschaftsbild

China hat die Epidemie fürs erste besiegt. Die Wirtschaft erholt sich wieder von ihren Tiefstständen. Die der westlichen Staaten rutscht immer tiefer in die Krise. Neben der drohenden wirtschaftlichen Niederlage hat der Westen auf einem der wichtigsten politischen Felder den Systemkonflikt bereits verloren, dem Schutz der Bevölkerung. Trotz anfänglicher Schwierigkeiten in der Bekämpfung der Epidemie hat China für die eigenen Bürgern besser sorgen können als der Westen.
Deutlicher könnten die Unterschiede in der Krisenbewältigung nicht dokumentiert werden als durch die Bilder, die um die Welt gingen. In Wuhan wird in einer Woche ein Krankenhaus für tausend Patienten aus dem Boden gestampft. In New York wurden die Toten mit Gabelstaplern in Kühl-Containern verstaut.
Für diesen Sieg Chinas steht der Mundschutz. Er ist das Gesicht Chinas in dieser Krise. In ihm drückt sich aber auch ein wesentlich unterschiedliches Gesellschaftsverständnis aus. Das Wohlergehen des Individuums ist in China eng verbunden mit dem Wohlergehen der Gesellschaft.
Der Mundschutz schützt die Gesellschaft und damit auch das Individuum. Dieses Denken ist in den zerrissenen Gesellschaften des Westens kaum ausgeprägt. Hier stehen trotz aller Appelle an Solidarität und Wir-Gefühl die Einzelinteressen im Vordergrund wie aktuell das Gezerre um die Öffnung der Geschäfte zeigt.

Politische Psychologie

Der Mundschutz ist - mehr oder weniger bewusst - das Symbol für die Einschränkung der individuellen Freiheit, der heiligen Kuh des Westens, und für die Trennlinie zu „Unrechtsstaaten" wie China. Vielleicht beruhen darauf - mehr oder weniger bewusst –

Widerwillen und Widerstand der politischen Elite besonders in Deutschland.

Bezeichnend für diese Ablehnung durch die deutsche Regierung ist, dass die Mundschutz-Pflicht sich auf den unteren Ebenen der Gesellschaft immer weiter ausbreitet. Zuerst haben Städte, jetzt nach und nach auch einzelne Bundesländer entsprechende Vorschriften erlassen. Die Mundschutz-Pflicht setzt sich durch, denn sie ist vernünftig. Deshalb wird sie von der Mehrheit der deutschen Bevölkerung befürwortet. Nur die deutsche Regierung hat sich bisher nicht dazu durchringen können. Es scheint also um mehr zu gehen, um Grundsätzliches.

Will sie keine Feigheit vor dem Feind, dem Virus, zeigen? Oder hat sie noch mehr Angst davor, den Anschein erwecken zu können, vor dem ungeliebten China einzuknicken? Denn mit der Mundschutz-Pflicht würden die westlichen Regierungen eingestehen, dass die Maßnahmen des „Unrechtsstaates" China richtig waren zur Eindämmung der Krankheit.

Offensichtlich haben sich Maskenpflicht, Tracking-App zur Verfolgung der Infektionswege, strenge Kontrollen an den Flughäfen, Quarantänen für Einreisende, die der Westen als undemokratische Kontroll- und Unterdrückungsmaßnahmen diskreditiert hatte, als wirkungsvoll erwiesen.

China hat kaum noch Neu-Infektionen. Dass Europa nun über ähnliche Mechanismen nachdenkt, offenbart, dass man um diese chinesischen Maßnahmen nicht herum kommt. Denn sie sind Maßnahmen, die dem Problem entsprechen, das gelöst werden muss. Sonst nichts. Die politische Dimension bringt der Westen unnötig hinein durch sein Konkurrenzdenken gegenüber China.

Propagandaschlacht statt Virenabwehr

Um dies nicht zu offensichtlich werden zu lassen, hat man nun sich in den Etagen der Meinungsmacher auf eine neue Öffentlichkeitspolitik verständigt. Ließen sich die Erfolge Chinas zwar nicht leugnen, konnte man sie doch wenigstens totschweigen: So schrieb die Frankfurter Allgemeine Zeitung: „Die Strategie Chinas griff, so viel lässt sich bis hierher sagen"[20]. Aber: „Südkorea, und womöglich auch Taiwan oder Hongkong könnten das Licht in der dunkelsten Zeit der Pandemie sein, das auch die Europäer jetzt dringend suchen."[21]

----

20 FAZ vom 16.3.2020: Licht am Ende des Tunnels
21 ebenda

Dieses Licht am Ende des Tunnels steht nicht nur für den Kampf gegen Corona sondern auch für die politische Bedrängnis, in der man sich sieht: „Raus aus der Demokratie muss es jedenfalls nicht führen, wenn drastische Maßnahmen … angeordnet werden, das hat Südkorea gezeigt"[22]. Die Mehrheit der Menschen denkt problemorientiert. Sie erwartet von den Lenkern der Gesellschaft, dass sie alles daran setzen, der Seuche Herr zu werden.

Besonders die wenig politisch denkende Bevölkerung im Westen kann sich nicht vorstellen, dass es neben der Krisenbewältigung noch andere Gesichtspunkte gibt, die das Handeln der führenden Kräfte der Gesellschaft bestimmen. Dem Menschenverstand, dessen Walten die Mehrheit der Gesellschaftsmitglieder in solchen Krisenzeiten erwartet, stehen politische Überlegungen gegenüber.

Dazu zählt in den Augen der Herrschenden die politische Bedrohung, die von dem Virus ausgeht. Sie befürchten, dass es in dem seit einiger Zeit tobenden Systemkonflikt mit China „zur Gefahr für die Legitimität eines jeden politischen und wirtschaftlichen Systems werden kann. … Deshalb ist es keine Nebensache, der Propaganda Pekings und Moskaus entgegenzutreten"[23].

Nun spricht aber vieles in diesem Systemkonflikt gegen einen Sieg des Westens: die Zahlen der Infizierten und Toten, der Zustand von Wirtschaft und Gesellschaft. Vor allem aber fehlt es an Überzeugungskraft. Die Ansichten und Argumente von westlicher Seite sind hohl und schwach. Sie verfangen immer weniger bei den eigenen Bürgern und schon gar nicht in den Ländern, mit denen man im Konflikt liegt und auf deren Bürger man versucht, Einfluss zu nehmen. Das gilt besonders für China.

In diesem Zusammenhang spricht die FAZ vom 1.4.2020 von einer „Schlacht der Narrative". Es geht um die Deutungshoheit der Ereignisse. Es tobt der Kampf im Stalingrad der Propaganda. Der chinesische Botschafter in Paris griff die antichinesische Propaganda des Westens an und brachte seine Front durch den Beschuss mit Fakten ins Wanken. Die westliche Sichtweise, vertreten durch die FAZ, hatte dem argumentativ wenig entgegenzusetzen.

Da man sich von nun an in der Defensive befindet, hat sich als Reaktion darauf anscheinend übergreifend ein Konsens in Medien und Politik durchgesetzt: Man lässt Chinas Erfolge unter den Tisch fallen. Stattdessen bestimmen zunehmend Verunglimpfung und Stimmungsmache die Auseinandersetzung, wo man nicht mehr überzeugend und kraftvoll im intellektuellen Wettstreit auftreten kann.

---

22 FAZ vom 16.3.2020: Licht am Ende des Tunnels
23 FAZ vom 28.3.20: Propaganda

Als Sieger im Kampf gegen Corona werden die Demokratien Südkorea und Taiwan in die Schlacht geführt. Welchen Umfang die Politisierung der Pandemie mittlerweile erreicht hat, demonstriert Taiwan als zweitgrößter Hersteller von Schutzmasken, das sich nun im Aufwind westlicher Unterstützung fühlt. Es bezeichnet seine Maskenspenden als „demokratische Alternative zur Pekinger Masken-Diplomatie"[24].

Das ist aber genau die Einflussnahme, die der Westen in den Hilfsaktionen Chinas, Russlands und Kubas gesehen haben will. In den Vorwürfen an die drei Nationen offenbarte sich in erster Linie das eigene Denken des Westens, der sich offensichtlich Hilfe ohne Hintergedanken nicht vorstellen kann. Das ist eine seiner Schwächen. Sie führt zu den Fehleinschätzungen, die ihn immer weiter in die Defensive drängen von Syrien bis Venezuela.

---

24 FAZ vom 20.4.20: Ein dickes Lob für Taiwan

Gesundheitsminister Spahn macht einen krank

23.4.2020 Friedhelm Klinkhammer und Volker Bräutigam, auf Publikumskonferenz

ARD und ZDF überbieten sich in Verlautbarungsjournalismus

Spahns Erzählungen

Ach du liebe Corona: „Der Ausbruch ist – Stand heute – wieder beherrschbar und beherrschbarer geworden„, tönte Gesundheitsminister Jens Spahn am 17. April auf der Bundespressekonferenz.[25] Bis zu diesem Tag waren in Deutschland bereits 3 808 COVID-Tote registrier[26]; inzwischen sind es mehr als 5. 000. Tendenz: weiter steigend. In Südkorea und im benachbarten Taiwan leben zusammengenommen fast ebenso viele Menschen wie hierzulande, dort sind aber nur 260 Pandemie-Tote zu beklagen, und der Trend ist gestoppt.[27,28]

Doch Minister Spahn behauptet unverdrossen, „im internationalen Vergleich schneidet Deutschland bei der Bewältigung der Krise gut ab". Unser Gesundheitssystem sei „zu keiner Zeit überfordert" gewesen.[29]Und was macht die Tagesschau daraus? Sie referiert Spahns Angeberei als Fakt, statt ihn zu fragen, ob er selbst noch ganz gesund sei.

Dabei wirkte der mit seiner Ergebnisbewertung „…das macht uns demütig, aber nicht übermütig" (ebd.) so, als bettle er geradezu um Ohrfeigen. Die bekam er von den Qualitätsjournalisten natürlich nicht. Es bleibt ein Wunschtraum, dass sich ein echter Reporter den Mann vorknöpft:

„Ich rieche Propaganda zehn Kilometer gegen den Wind. Um das mal klarzustellen, Genosse: Wenn Du mich einmal verarschst, ist es deine Schuld, dann bist du der Böse. Wenn Du mich das zweite Mal verarschst, bin ich selbst ein Depp."[30]

Kein Traum, sondern traurige Wirklichkeit: Für die Tagesschau-

---

25 https://www.tagesschau.de/multimedia/sendung/ts-36675.html

26 https://www.rtl.de/cms/live-ticker-coronavirus-alle-infos-und-entwicklungen-vom-17-april-2020-4525642.html

27 https://de.wikipedia.org/wiki/COVID-19-Pandemie_in_Südkorea

28 https://www.luzernerzeitung.ch/international/coronakrise-niemand-machts-besser-als-taiwan-ld.1208913

29 https://www.antenne-sylt.de/service/news/beitrag/spahn-spricht-von-einem-inzwischen-beherrschbaren-ausbruch.html

30 http://www.free21.org/westlessness/

Leute war es leider nicht erst das zweite Mal. Sie lassen sich seit jeher mit Spahns Propagandakisten unterm Arm losschicken.

Bevor wir uns dieser Lichtgestalt, ihrem ebenso begnadeten Parteifreund und Wirtschaftsminister Peter Altmaier sowie dem total sozialdemokratischen Finanzminister Olaf Scholz etwas spezieller widmen, sei hier positiv vermerkt, dass die „Tagesthemen" ganz ausnahmsweise doch einmal, nämlich am 8. April, richtigen Journalismus vorführten. WDR-Kommentator Detlef Flintz balbierte den Gesundheitsminister mit der rostigen Sense: „Pfleger und Ärztinnen werden die Situation ausbaden und zum Teil mit ihrem Leben bezahlen müssen".[31]

Doch solche Kritik prallt am „demütigen, aber nicht übermütigen" Spahn ab. Der Mann weiß, dass er sich grundsätzlich auf die sorgfältig durchformatierten Intendanten des öffentlich-rechtlichen Rundfunks verlassen kann. Die garantieren regierungsgläubigen Staatsfunk. Neuerdings blenden ihre Sender sogar Durchhalteparolen im Bildschirmeck ein.

Fürs ARD-Gemeinschaftsprogramm: Zusammenhalten. Wir sind deins. NDR: Der Norden hält zusammen. BR: Daheim bleiben. WDR: #zuhause. SWR: Für euch da. mdr: Zuhause #miteinander stark. SR, HR: #zusammenhalten. Ihr guten Leute, euer föderalistisches Kunterbunt nervt! Gegenvorschlag: „Ein Volk, ein Reich, ein Kronkorken!" Auf Flaschen passt das…

Alptraum Realität

Einen Tag vor Spahns „demütigem" Auftritt in der Bundespressekonferenz hatte der MDR gemeldet, dass sich bereits mehr als 6.400 Ärzte und Pflegekräfte in den Krankenhäusern mit dem Virus infiziert hätten.[32] Die Zahl ist inzwischen (Stand: 22. April) auf 7.862 Covid-Erkrankte gestiegen, 18 Ärzte bzw. Schwestern sind schon daran gestorben.[33] Tendenz auch hier: weiter steigend. Man muss lange suchen, bis man diese Angaben im Bulletin des Robert-Koch-Instituts findet, weit hinten im Text versteckt, ohne eigene grafische Darstellung. Gut sichtbar ist hingegen die Ursache für das Leid dieser „Helden des Alltags": Fehlende bzw. unzureichende Schutzkleidung. Der Präsident der Bundesärztekammer, Klaus Reinhardt:

---

31 https://www.tagesschau.de/multimedia/sendung/tt-7437.html

32 https://www.mdr.de/nachrichten/panorama/ticker-corona-virus-donnerstag-sechzehnter-april-100.html

33 https://www.rki.de/DE/Content/InfAZ/N/Neuartiges_Coronavirus/Situationsberichte/2020-04-22-de.pdf?__blob=publicationFile

„Die Ausstattung von Ärzten, Praxismitarbeitern und Pflegepersonal mit Schutzausrüstung ... ist unzureichend. Wie dramatisch sich die Lage vor Ort darstellt, haben wir dem Bundesminister für Gesundheit detailliert dargelegt." [34]

Das medizinische Personal ist überall ausgepowert, Infektionen und Todesfälle lassen sich bei solchen Arbeitsbedingungen nicht ausschließen.[35] Die Zustände in den rund 12.000 Pflegeeinrichtungen seien ein Skandal, moniert Eugen Brysch, der Vorsitzende der Stiftung Patientenschutz. Die Maßnahmen zum Schutz des Pflegepersonals seien „vollkommen unzureichend".[36]

Deutschland erweist sich inmitten der Pandemie unfähig, Ärzte, Schwestern und Pfleger mit perfekter Schutzausrüstung auszustatten, von einer ausreichenden Versorgung der Bevölkerung mit dem Minimum erst recht nicht zu reden.

Die wünscht sich seit Wochen mit großer Mehrheit eine bundeseinheitliche Pflicht, in öffentlichen Gebäuden und Transportmitteln Mundschutz zu tragen.[37] In den asiatischen Ländern hat sich schließlich erwiesen, dass die generelle Mundschutzpflicht ein entscheidender Faktor gegen die Tröpfchen-Infektion durch Atemluft war.

Der deutsche Durchschnittsbürger erwies sich also als lernfähig, das politische Funktionspersonal der Geldaristokratie hingegen nicht. Eine allgemeine Mundschutzpflicht scheiterte schon daran, dass monatelang Mangel an entsprechendem Material herrschte. Wo große Nachfrage auf zu knappes Angebot trifft, explodieren in der „sozialen Marktwirtschaft" eben die Preise.[38]

Geld zu Geld

Krankenhäuser und Ärzte waren gezwungen, zu verfünffachten und noch höheren Kosten einzukaufen. Dem skandalösen Wucher sah die Bundesregierung tatenlos zu. Sie dachte gar nicht daran, eine Preiskontrolle für dieses überlebenswichtige Material zu verfügen.

---

34 https://www.kma-online.de/aktuelles/politik/detail/praesident-der-
   bundesaerztekammer-fordert-deutschland-zur-kreativitaet-auf-a-42909

35 https://www.daserste.de/information/wirtschaft-
   boerse/plusminus/sendung/index.html

36 https://www.kma-online.de/aktuelles/pflege/detail/pflegesektor-trotz-
   coronavirus-vernachlaessigt-a-43107

37 https://www.fuldaerzeitung.de/regional/fulda/mundschutz-pflicht-oder-
   nicht-das-sagen-experten-passanten-und-handler-NF9502249

38 https://www.t-online.de/finanzen/boerse/news/id_87727678/corona-krise-
   das-ist-der-wahnsinn-die-preise-fuer-mundschutze-explodieren.html

Grandios: Mehr als drei Monate nach Ausbruch der Pandemie fiel endlich auch dem Wirtschaftsminister Altmaier auf, dass man Mundschutzmasken eigentlich in Deutschland selbst herstellen könnte, wegen des Bedarfs von bis zu 12 Milliarden Stück jährlich.[39] Über so rasche Auffassungsgabe und große Entschlusskraft staunt der Laie, und der Fachmann wundert sich.

Altmaier und Finanzminister Scholz hatten größere Posten und einflussreichere Wirtschaftskreise als das Gesundheitswesen auf dem Zettel, als sie ihr Staatshilfepaket zur Krisenbewältigung schnürten. „Der Umfang der haushaltswirksamen Maßnahmen beträgt insgesamt 353,3 Milliarden Euro und der Umfang der Garantien insgesamt 819,7 Milliarden Euro."[40]

Der Staat – das sind wir alle – steht demnach für fast 1,2 Billionen Euro zusätzlich gerade[41], weitere Bürgschaften sind noch in Planung. Das größte Stück vom Kuchen dürfte sich die Autoindustrie abschneiden. Sie ist traditionell der steuerlich meistgeförderte Wirtschaftszweig.[42]

Titel der Deutschen Wirtschaftsnachrichten: „Wie die Autobauer in der Coronakrise den Steuerzahler bluten lassen."(ebd.) Tatsächlich, sie verlangen allen Ernstes, dass der Staat bei Kaufpreisen von mehr als 20.000 Euro komplett auf die Mehrwertsteuer verzichtet. Die Kundschaft der Yachtwerften, Juweliere und Goldschmiede freut sich schon…

Schauen wir kurz nach Baden-Württemberg. Daimler-Benz beantragte als einer der ersten Großkonzerne zu Beginn des Anti-Pandemie-Regimes Kurzarbeit für 140.000 Beschäftigte.[43] Nahezu zeitgleich kündigte das Management – seine Mitglieder haben Jahreseinkommen von bis zu 12 Millionen Euro – den Aktionären an, bei der nächsten Hauptversammlung Dividenden von insgesamt 963 Millionen Euro auszuloben.[44]

Fast eine Milliarde Euro für Nichtstun außer Couponschneiden: Mit diesem Geld hätte der Betrieb seinen Beschäftigten in Deutschland

---

39 https://www.tagesschau.de/multimedia/sendung/ts-36697.html

40 https://www.bundesfinanzministerium.de/Content/DE/Standardartikel/Them
    en/Schlaglichter/Corona-Schutzschild/2020-03-13-Milliarden-Schutzschild-
    fuer-Deutschland.html

41 https://www.bundestag.de/dokumente/textarchiv/2020/kw13-de-corona-
    schuldenbremse-688956

42 https://deutsche-wirtschafts-nachrichten.de/503498/Noch-mehr-
    Subventionen-bitte-Wie-die-Autobauer-in-der-Corona-Krise-den-
    Steuerzahler-bluten-lassen

43 https://www.daimler.com/konzern/news/covid-19-voruebergehende-
    kurzarbeit.html

44 https://www.daimler.com/investoren/aktie/dividende/

wochenlang das volle Gehalt zahlen können, ohne die Öffentlichkeit mit der Finanzierung des Kurzarbeitergelds zu belasten und seinen Arbeitnehmern hohe Lohnausfälle zuzumuten.

Geschäftsleben und Moral passen nicht zusammen. Daimler-Benz ist kein Einzelfall. Es gibt DAX-Konzerne serienweise, die auch in der Pandemiekrise fette Gewinne machen und trotzdem die zusätzliche Staatsknete abgreifen.[45] Anders als die dänische Regierung[46] kam das Kabinett Merkel gar nicht auf die Idee, nur solchen Aktiengesellschaften staatliche Hilfen zu gewähren, die wenigstens keine Dividenden zahlen. Es wäre ein Leichtes gewesen, hier für mehr Anstand zu sorgen, wenn schon nicht für mehr Moral.

Kein Geld für Helden

An dieser Stelle ist daran zu erinnern, dass es für die lohnabhängigen „Helden des Alltags" überhaupt keine strukturellen Verbesserungen gibt. Es herrscht sogar Dissens darüber, ob wenigstens eine Prämie für die Krisenzeit gezahlt werden sollte und von wem.[47] Weder gibt es Überlegungen, eine angemessene Vergütungsordnung für das medizinische und das Pflegepersonal gesetzlich zu verordnen noch gar für alle sogenannten „Systemrelevanten".

4000 Euro Mindestgehalt für die Krankenschwester? 6000 Euro für den Assistenzarzt? Arbeitszeit-Höchstgrenze 38 Stunden pro Woche? Voller Freizeitausgleich für Mehrarbeit? Ausreichend Personal dafür in allen medizinischen Einrichtungen? Nicht mal im Traum! Es gibt keinen Gedanken an eine Verstaatlichung des Gesundheitswesens.

An der Krankheit lässt sich Geld verdienen, nach dem Prinzip Menschen ausbeuten und Profite einstreichen, Verluste der Gesamtgesellschaft aufhalsen. Sozialminister Heil stimmte sogar täglichen Arbeitsschichten von 12 Stunden in den sensiblen Versorgungsbereichen zu.[48] Der Irrsinn hat Methode.

Die Begünstigung der „Wirtschaft" gegenüber der lohnabhängigen Bevölkerung ist penetrant. Die gemeinnützigen Einrichtungen, die Kulturszene und deren Institutionen sowie der sogenannte Kleine Mann haben nichts bzw. fast nichts vom staatlichen Geldsegen. Die

---

45 https://www.fabio-de-masi.de/de/article/2690.spiegel-die-hilfen-kassieren-die-gewinne-auch.html

46 https://deutsch.rt.com/europa/101251-danemark-keine-staatshilfen-fur-unternehmen/

47 https://www.faz.net/aktuell/wirtschaft/corona-wer-soll-die-dankespraemie-fuer-pflegekraefte-bezahlen-16735544.html

48 https://www.bibliomed-pflege.de/alle-news/detailansicht/artikel/40297-heil-erlaubt-12-stunden-schichten/

rund drei Millionen Kleinunternehmen und Solo-Selbständigen kriegen ebenfalls nur ein paar Krümel „Soziales". Für sie wird insgesamt nicht mal ein Zwanzigstel dessen bereitgestellt, was für die „Großen" geleistet wird. Es sind nur Einmalbeträge zur teilweisen Deckung der Kosten, die trotz Betriebsschließung anfallen; zur Sicherung des Lebensunterhalts dürfen die Guten Sozialhilfe beantragen.[49]

Hartz und Kurzarbeit

Beim Blick auf das Leben in der Kurzarbeit wird der Gegensatz von Kapital und Arbeit im Anti-Pandemie-Regime so richtig konkret. Während den Großunternehmen die Euro-Milliarden buchstäblich hinterhergeworfen werden, um ihnen wirtschaftliche Risiken abzunehmen, verlieren Arbeitnehmer in Kurzarbeit 40 Prozent ihres Einkommens.

Schon jetzt rechnen die politisch Verantwortlichen damit, dass künftig 1,2 Millionen Menschen mehr als bisher ausschließlich von Hartz-IV bzw. von der Sozialhilfe werden leben müssen.[50] Ist doch schon gut: Wer sich in der Erntezeit als Spargelstecher verdingen will, muss nicht fürchten, dass ihm der vom Bauern gezahlte Hungerlohn mit der „Stütze" verrechnet wird...

„Abfedern von Risiken", nennt die Bundesregierung das Kurzarbeitssystem und lässt sich dafür EU-weit bewundern. Aber als Minister Hubertus Heil ebenso kraft- wie folgenlos für eine befristete Erhöhung des Kurzarbeitergeldes auf 80 Prozent eintrat, zeigte ihm Tagesthemen-Moderatorin Pinar Atalay, warum ihresgleichen 12.000 Euro monatlich kriegt: "Wo wollen Sie das Geld herholen, wollen Sie die Allgemeinheit belasten?"[51]

Maulschellen für Empathielosigkeit und fehlenden Gerechtigkeitssinn sind leider verboten. Beim Kuhhandel um die Anhebung des Kurzarbeitergeldes kam, wie bekannt, hernach denn auch nur eine Mogelpackung heraus. Aufstockung von 60 auf 80 Prozent? Träumt mal schön weiter! Nach einem halben Jahr seht ihr die vielleicht, aber geknüpft an erhebliche Bedingungen. SPD-Seifenblasen-Politik: Eine Regelung schaffen, die schön schillert, aber den Lohnabhängigen nass macht, wenn er danach greift.

---

49 https://www.bmwi.de/Redaktion/DE/Artikel/Wirtschaft/Corona-
    Virus/unterstuetzungsmassnahmen-faq-04.html
50 https://www.bundestag.de/dokumente/textarchiv/2020/kw13-de-corona-
    infektionsschutz-688952
51 https://www.tagesschau.de/multimedia/video/video-689873.html

Unsere „Hauptsache mitregieren!"-Sozis ließen sich schon wegen der Grundrente unter ungebührlichen Druck setzen. Bekanntlich sollten vom nächsten Jahr an 1,3 Millionen Armutsrentner eine geringfügige Entlastung erhalten: zirka 75 Euro Zuschlag auf die monatliche Grundsicherung.[52]

Dagegen haben unsere Wertkonservativen Einwände. Peter Weiß, CDU/CSU-Fraktion: „Es gibt keinen Anlass, Geld allgemein mit der Gießkanne zu verteilen, zumal uns das Geld dank Corona-Krise nicht mehr in Hülle und Fülle zur Verfügung stehen wird."[53]

Ingo Kramer, Präsident der Bundesvereinigung der Arbeitgeberverbände, bremste ebenfalls: „Die Grundrente ist insbesondere für die jüngere Generation, die ein deutlich kleinerer Jahrgang jeweils sein wird, ganz schwer zu schultern, schon ohne die wirtschaftlichen Folgen, die jetzt die Corona-Krise mit sich bringen wird. Das ist ein weiterer Tropfen, der das Fass einfach überlaufen lässt."(ebd.)

Wir wollen an dieser Stelle daran erinnern, dass den Mitgliedern seines Verbandes von Staats wegen gerade mehrere hundert Milliarden Euro in den offenen Rachen gestopft werden. Er und Seinesgleichen denken natürlich nicht daran, sich gemäß ihrem überproportionalen Zahlungsvermögen freiwillig zur Refinanzierung dieses Grundrente-„Tropfens" heranziehen zu lassen.

Schonung für Reiche

Vermögensabgabe? Igitt, sowas kann doch nur dem neuen SPD-Führungsduo Norbert Walter-Borjans und Saskia Esken einfallen, im Bundestag von der Linkspartei als Antrag eingebracht und von der Parlamentsmehrheit abgeschmettert werden:

"Nach Bewältigung der Corona Krise wird eine zeitlich befristete Vermögensabgabe für Millionäre und Milliardäre nach Vorbild des deutschen Lastenausgleichs nach dem Zweiten Weltkrieg erhoben, um die krisenbedingt gestiegene öffentliche Verschuldung abzubauen und den sozialen Zusammenhalt zu stärken."[54]

Zusammenhalt wäre zwar nötig, aber es kann keine Rede davon sein. „Der Teufel scheißt immer auf den größten Haufen", weiß der Volksmund. Und darum kriegen Obdachlose keine Staatshilfen, sondern wg. Corona die Notunterkünfte und Suppenküchen gesperrt. Vorschlag für ein Hinweisschild, an den Pforten anzupinnen:

---

52 https://www.tagesspiegel.de/politik/wer-bekommt-grundrente-die-
   wichtigsten-fragen-und-antworten/25214600.html

53 https://www.tagesschau.de/multimedia/sendung/ts-36609.html

54 https://www.bundestag.de/dokumente/textarchiv/2020/kw13-de-corona-
   schuldenbremse-688956

Obdachlose, bleibt zuhause! Viele Tafeln sind eh noch geschlossen. Soll das prekär lebende Volk doch selber schauen, wie es mit den drastisch gestiegenen Lebensmittelpreisen fertig wird.[55] Die Regelsätze der Sozialhilfe werden jedenfalls nicht angehoben.

Minijobber und Geringverdiener kommen auch nicht in den Genuss von Kurzarbeitergeld. Menschen mit geringem oder gar keinem Einkommen fallen immer hinten runter. Unser Staat hat für sie nichts übrig.

Dass Milliardäre und Multimillionäre nichts von ihrem Reichtum abgeben, dass sie nicht an die soziale Verpflichtung erinnert werden, der ihr Eigentum laut Grundgesetz unterliegt[56], dafür steht der waschechte Sozialdemokrat Olaf Scholz. Der lässt nur Angehörigen der niederen sozialen Schichten Missliches angedeihen, davon aber im Extrem: verabreicht von uniformierten Gewaltbereiten, mit Wasserwerfern, Tränengas und Knüppeln.[57]

Vermögensabgabe, gar eine permanente Vermögenssteuer? Bloß nicht! Erbschaftssteuer an die Einkommenssteuer angleichen? Um Himmels willen! Spitzensteuersatz wieder auf 52 Prozent anheben wie zu „Einheitskanzler" Helmut Kohls Zeiten? Ausgeschlossen! Steuerflüchtige Krisengewinnler wie Amazon abschöpfen? Spekulative „Leerverkäufe" an der Börse verbieten, wie Frankreich und Italien es vorgemacht haben?[58] Auf keinen Fall! Olaf Scholz weiß: "Wir haben genug Geld, wir können allen helfen".[59]

Kapitalschutz

Es zeichnet sich demnach ab, dass die Extra-Billion Euro zur Bewältigung der Pandemiefolgen dem Steuerzahler in Form verschachtelter und versteckter Nebenhaushalte aufgehalst wird, auf gleich undurchsichtige Art, wie die „bad banks" zur Bewältigung der Finanzkrise 2008 geschaffen wurden. Bis heute ist es nicht einmal dem Rechnungshof gelungen, die intransparenten, wenn nicht gar mafiösen Verfahrenstricks vollständig zu durchdringen.[60]

---

55 https://deutsche-wirtschafts-nachrichten.de/503589/Fleisch-Obst-und-Gemuese-werden-deutlich-teurer

56 https://www.gesetze-im-internet.de/gg/art_14.html

57 https://www.hamburger-gitter.org/presse.html

58 https://www.youtube.com/watch?v=ND8clPgLSx0.

59 https://www.welt.de/vermischtes/article206527207/Scholz-bei-Illner-Wir-haben-genug-Geld-wir-koennen-allen-helfen.html

60 https://www.bundesrechnungshof.de/de/veroeffentlichungen/produkte/beratungsberichte/entwicklung-einzelplaene/2020/langfassungen/2019-bericht-information-ueber-die-entwicklung-des-einzelplans-32-bundesschuld-fuer-

Getilgt wurden diese Schulden bisher mit Geldwertverlust bei Nullzinsen und mit gleichzeitigem Wirtschaftswachstum. Offenbar denkt die Bundesregierung daran, mit den Sonderausgaben zur Bewältigung der Corona-Krise ebenso zu verfahren. Winfried Kretschmann (Bündnis90/Die Grünen), Ministerpräsident in Stuttgart, weiß jetzt schon, wie es läuft: Letztlich werde die gesamte Bevölkerung dafür bezahlen.

„Die meisten Menschen werden nach der Corona-Krise erstmal ärmer sein. "Milliarden müssten in den Haushalten eingespart werden. „Das Geld fällt ja nicht vom Himmel."[61] Irrtum, Herr „einschpare"-Minischterpräsident: Von irgendwo da oben fällt bannig viel Geld herab, die Familien Albrecht, Schwarz, Klatten, Quandt, Otto, Springer, Mohn, Schaeffler, Viessmann und andere können es bezeugen.

„Den Seinen gibt´s der Herr im Schlafe", das steht doch so schon in der Bibel, im Psalm 127, dem Loblied auf die Faulheit. 126 deutsche Milliardärsfamilien und mehr als 1,5 Millionen Multimillionäre genießen den alttestamentarischen Segen. Sie wissen es zu verhindern, dass wir uns zu neuen Ufern aufmachen, die schreiende Ungleichheit beenden und das Eigentum an den Produktionsmitteln vergesellschaften. Ihre Marionetten in Berlin werden uns vielmehr zur Rettung des Reichtums der Reichen weiter entlang der alten Ufer treideln lassen.

---

die-beratungen-zum-bundeshaushalt-2020-pdf

61 https://www.fnweb.de/newsticker/newsticker-dpa_ticker,-region-kretschmann-die-meisten-werden-nach-corona-krise-erstmal-aermer-sein-_tickerid,123009.html

Trugbild China

von Rüdiger Rauls 31.05.2020, auf politische analyse

Der folgende Leserbrief wurde am 26.4.2020 an die Frankfurter Allgemeine Zeitung (FAZ) geschickt. Er wurde bisher nicht veröffentlicht.

Er setzt sich kritisch mit der Berichterstattung der Zeitung und ihrer Korrespondentin, Frederike Böge, zu den Vorgängen in China auseinander. Dabei handelt es sich bei Böges Berichten nicht um Randnotizen von untergeordneter Bedeutung. Die Zeitung räumt ihrer Mitarbeiterin nicht selten eine ganze Seite für ihre Berichterstattung ein.

Das von Böge vermittelte Chinabild scheint sich also mit dem zu decken, was die FAZ gerne in der Öffentlichkeit über die Verhältnisse in China verbreitet wissen möchte. Dies gilt für alle Bereiche des Lebens in China: für die Corona-Epidemie, die Vorgänge in Hongkong wie auch die Menschenrechtsdebatte über die Lage der Uiguren, um Chinas Außenpolitik und die Seidenstraße.

Dass dieser Leserbrief bisher nicht veröffentlicht, wirft ein bezeichnendes Licht auf die Ausgewogenheit der FAZ in Bezug auf ihre China-Berichte. Obwohl man die Möglichkeiten hätte, scheint die FAZ also der Meinungsfreiheit und Meinungsvielfalt nicht denselben Stellenwert beizumessen, den man selbst von China immer wieder erwartet und einfordert.

Man kann von dieser Zeitung nicht unbedingt erwarten, dass sie ein China-freundliches Bild zeichnet, wenn sie dem Land gegenüber negativ eingestellt ist. Aber das sollte gerade jenen eine Warnung sein, die sich an der Verbreitung dieses negativen China-Bildes beteiligen und sich gemeinhin als aufgeschlossene und kritische Geister verstehen.

Oftmals liegt deren „Kritik" nichts anderes zugrunde als eine zwanghaft antiautoritäre Haltung, die sich grundsätzlich gegen „Oben" wendet, egal ob die Entscheidungen, die von „Oben" kommen, sinnvoll sind oder nicht. Sie, die sich für kritisch und aufgeklärt halten, betreiben das Geschäft derer, die die Konfrontation mit China durch Manipulation der Öffentlichkeit fördern.

Denn eines sollten auch die kritischen Geister nicht vergessen. Wir alle beziehen unsere Informationen aus zweiter Hand. Unser Weltbild wird vermittelt durch die Informationen, die wir aus Medien beziehen, egal ob es sich dabei um Mainstream-Medien handelt oder um alternative mit ihrem alternativem Mainstream. Und besonders im Falle Chinas vermitteln diese Medien uns ein Bild, das sie selbst für richtig halten. Die Frage, ob sich dieses vermittelte Bild mit der Wirklichkeit deckt, spielt bei den meisten Medien keine Rolle mehr. Erkenntnis steht nicht im Vordergrund sondern Interesse. Das sollte der Leser nie vergessen.

Es folgt der Text des Leserbriefs

Böges China

Frederike Böge berichtet als Korrespondentin für die FAZ aus China. Zuletzt brachte sie in der Ausgabe vom 25.4.2020 einen ganzseitigen Bericht über Wuhan unter dem Titel Wuhans Wunden. Im Gegensatz zu eventuellen Kritikern ihrer Berichte hat sie für die Authentizität ihrer Artikel das Totschlagargument auf ihrer Seite, dass sie in China lebt.
Auffällig aber ist, dass Böge in ihren Beiträgen fast nur Kritiker Chinas zu Wort kommen lässt. Einblick in das Leben und die Ansichten von Menschen, die mit dem Leben in China zufrieden sind, vermittelt sie so gut wie gar nicht. Dabei ist es doch bisher keinem Land der Welt gelungen, innerhalb so kurzer Zeit Hunderte Millionen von Menschen aus der Armut zu führen.
Armut mag für eine Intellektuelle wie Böge, die in Deutschland nach dem Krieg geboren ist, keine besondere Bedeutung haben. Vermutlich sieht das aber der überwiegende Teil der chinesischen Bevölkerung anders. Der aber kommt bei Böge nie zu Wort. Sie erweckt vielmehr den Eindruck anhand von Einzelbeispielen, deren Repräsentativität fraglich ist, dass der Großteil der chinesischen Bevölkerung der Führung des Landes ablehnend bis feindlich gegenüber steht. Das ist wenig wahrscheinlich.
Vielmehr scheint sie sich von einer Voreinstellung zu ihrem Gastland leiten zu lassen, die nur das vermittelt, was in ihr Bild von China passt. Übertragen wir dieses Vorgehen mal auf unser Land: Wer hierzulande würde gerne ein Bild von Deutschland in der Welt gezeigt bekommen, das gezeichnet wird von Linksradikalen, AfD-Anhängern, Wutbürgern oder Verschwörungstheoretikern. Vermutlich sind das angesichts von 1,4 Mrd Chinesen im Verhältnis zur Bevölkerungszahl sogar noch mehr.
Es ist natürlich das verlegerische Recht der FAZ, ein Bild von China durch Böge zu vermitteln, das ihren Vorstellungen entspricht. Aber der Leser, der drei Euro am Tag für die Zeitung ausgibt, hat ein

Recht auf sachliche Information statt Manipulation. Dazu muss man nicht einmal ein Befürworter des chinesischen Systems sein, sondern einfach nur ein interessierter Bürger, der die Welt verstehen will.

Chinesische Zustände

von Rüdiger Rauls, 21.6.2020, auf politische analyse

Nach der Darstellung westlicher Medien ist es mit der Meinungsfreiheit in China nicht weit her. Nach ihrer Sichtweise bestimmt die Partei, was gedacht werden darf. Nun scheinen sich auch die westlichen Medien derselben Methoden zu bedienen, die sie in China und Russland verurteilen.

Alles Politik

Seit Jahren berichtet die Frankfurter Allgemeine Zeitung (FAZ) sehr umfangreich über Leben und gesellschaftliche Vorgänge in China. Dabei kommen in der Regel nur die Kritiker und Feinde Chinas zu Wort. Obwohl es dem Land gelungen ist, Hunderte von Millionen Menschen aus der Armut zu führen, ein Vorgang, der bisher in der Menschheitsgeschichte einmalig ist, kommen aber diese Gewinner und Befürworter der chinesischen Politik so gut wie nie in der Zeitung zu Wort.

Ähnlich verhält es sich mit der Berichterstattung über die Bewältigung der Corona-Krise in China. Was immer auch getan wurde, es stieß bei den Frankfurtern auf Kritik. Entweder war es zu spät oder nicht genug, zu diktatorisch oder aber nur geschehen mit dem Hintergedanken, den Machtanspruch der kommunistischen Partei zu sichern. Selbst der weltweit bewunderte Aufbau zweier Krankenhäuser in Wuhan traf bei der FAZ auf Skepsis. Die zum Teil kostenlose Hilfen an westliche Staaten wurden herabgewürdigt als „Maskendiplomatie".

Bisher aber brachte die Zeitung kaum Nachweise für die Unterstellungen, dass die Pekinger Führung mit ihrer Unterstützung in erster Linie politische Absichten verfolge. Statt auf Quellen verlegt man sich sehr oft auf Spekulationen, Vermutungen und sehr viele Aussagen im Konjunktiv.

In dieser Sichtweise äußert sich aber nicht die Wirklichkeit sondern das eigene Denken, die eigenen Einstellungen und Werte. Offenbar kann man sich nicht vorstellen, dass dem Handeln Chinas andere Motive und Absichten zugrunde liegen als diejenigen, nach denen man selbst die Welt beurteilt und darstellt. Dabei geht man aber davon aus, dass die Chinesen in denselben Kategorien denken wie die Meinungsmacher im Wertewesten. Insofern sind Zweifel angebracht, ob die Darstellung der wirklichen Verhältnisse in China überhaupt im Interesse solcher Meinungsmacher liegt.

Westliches Vorrecht

Wie anders lässt sich sonst erklären, dass die FAZ ihre Medienmacht aufbot, um die Ausstrahlung eines Beitrags über China zu torpedieren, der ein anderes Bild zeichnete. Die Dokumentation „Wuhan – Chronik eines Ausbruchs" hatte am Montag, den 15.6.2020, auf dem öffentlich-rechtlichen SWR (SüdWestRundfunk) gesendet werden sollen.

Noch vor der Ausstrahlung übte die FAZ in einem halbseitigen Beitrag an prominenter Stelle heftige Kritik am Vorhaben des Senders unter dem Titel „Chinesische Propaganda im SWR?". Vermutlich waren auch noch andere Medien des Wertewestens beteiligt, denn die FAZ spricht triumphierend von „massiver Kritik" und dass der Sender aufgrund dessen „sich wohl nicht anders zu helfen" wusste, als „den Film nicht zu zeigen"[62].

Anscheinend glaubt die Zeitung sich zu solchem Vorgehen berufen, denn in diesem Beitrag sieht man Unterstützung für den Versuch Pekings, „die internationale Öffentlichkeit zu beeinflussen"[63]. Es wird kritisiert, dass sich die Dokumentation unter anderem auch auf Rohmaterial stützt, das von der CICC[64] zur Verfügung gestellt wurde. Man befürchtet, dass der Beitrag ein Bild zeichnet, „das sich mit dem offiziellen Narrativ auf bedenkliche Weise überschneidet".[65]

Nun ist die Aufregung der FAZ umso unverständlicher, wurde ihr doch auf Anfrage mitgeteilt, das „CICC konnte zwar Anmerkungen zu den Textfassungen machen, jedoch keine Änderungen einfordern"[66]. Das bedeutet also, dass die unterstellte Einflussnahme durch die Chinesen gar nicht stattgefunden hatte. Darüber hinaus teilte der Sender mit, „jede Aussage im CICC-Material sei einem Drei-Quellen-Check unterzogen worden"[67]. Wo also lag das Problem?

Solche journalistische Sorgfalt kannte der westliche Medienkonsument beispielsweise bei der Berichterstattung über die Vorgänge in Syrien nicht. Da waren fragwürdige Quellen an der Tagesordnung. Dennoch war ein ähnlich energisches Auftreten renommierter Medien in diesen Fällen nicht festzustellen.

---

62 FAZ vom 16.6.2020: Wuhan und Wahrheit
63 FAZ vom 15.6.2020: Chinesische Propaganda im SWR?
64 China Intercontinental Communication Centre, ein Informationsbüro des chinesischen Staatsrates.
65 FAZ vom 15.6.2020: Chinesische Propaganda im SWR?
66 ebenda
67 ebenda

Nun stellen sich angesichts dieser Widersprüche grundsätzliche Fragen: Bedeutet die vorgetragene Empörung in unseren Leit-Medien, dass nur der Westen mit seinen Informations- und Kommunikationsmitteln Einfluss nehmen darf auf die internationale Öffentlichkeit? Dürfen China, Russland und andere nicht auch ihre Sicht der Dinge darstellen? Sieht so das Verständnis von Meinungsfreiheit in solchen Medien aus?

Niemand hat das Monopol auf die Wahrheit. Sie ergibt sich erst durch sachgerechte und umfassende Darstellung der Vorgänge in der Welt. Dazu aber sind Meinungsfreiheit und Meinungsvielfalt unabdingbar, was natürlich dann auch solche Sichtweisen mit einschließen muss, die ein anderes Bild zeigen.

Vielleicht hatten sich die Meinungsmacher im Westen einfach zu sehr daran gewöhnt, den eigenen Bürger bei seiner Meinungsbildung fest im Griff zu haben. Glaubt man aus Gründen der intellektuellen Hygiene solche Beiträge verhindern zu müssen? Oder hat man Angst, dass der eigene Einfluss auf das Denken der Bürger ins Wanken gerät, wankt er gar schon?

Systemrivalität

Von der anfänglichen Freundschaft mit China ist nicht viel übrig geblieben. Frühere Hoffnungen des Westen auf eine ähnliche Entwicklung wie in der ehemaligen Sowjetunion hatten sich nicht erfüllt. Wandel durch Annäherung führte nicht wie im Ostblock zum Systemwechsel in China, sondern zum Aufstieg des Landes zur zweitstärksten Wirtschaftsmacht der Welt. Nun gelten auch die Chinesen wie die Russen unter Putin als Schuldige für das Zerwürfnis mit dem Westen. Er selbst sieht sich jedoch eher als Opfer, nicht als Beteiligter an der Zerrüttung der Verhältnisse

Statt aber sich seine eigene Mitverantwortung bewusst zu machen und daraus neues Handeln zu ermöglichen, verfährt man weiter wie bisher in Gutsherrenmanier. Man verschärft die Auseinandersetzung und glaubt, dass das alte Rezept immer noch wirkt, die Erhöhung des Drucks. In diesem Sinne wohl erklärte die EU im März letzten Jahres China zum Systemrivalen. Man sieht sich also nicht mehr nur in wirtschaftlicher sondern auch in politischer Konkurrenz zu einander. Unklar ist, was man sich dabei dachte und welche Vorteile man sich davon erhoffte. Glaubte man allen Ernstes, China werde nun vor Angst zittern?

So wurde auch die Bewältigung der Corona-Krise vom Westen in dieses neue Muster des Systemkonfliktes übernommen. Als wäre das

Virus parteiisch oder gar politisch beeinflussbar. Ohne Not wurde die Bekämpfung der Seuche zu einem Gradmesser für die Überlegenheit des westlich-demokratischen Systems erhoben. Damit stellte der Westen sich selbst die Falle auf, in der er nun gefangen ist.

Denn China hat die Krise besser gemeistert als die Staaten im Westen. Die Zahl der Toten ist wesentlich geringer, und die Wirtschaft erholt sich rasch, ja liegt schon fast wieder auf dem Niveau der Vorkrisenzeit. Im Gegensatz dazu kommt die Wirtschaft der meisten westlichen Staaten trotz Stützungsmaßnahmen in Billionenhöhe nicht so recht aus dem Konjunktur-Keller heraus.

Diese selbst verschuldete Niederlage im Kampf der Systeme will man nicht wahrhaben, geschweige denn eingestehen. Die Meinungsmacher im Westen leugnen diese Tatsache, indem sie die Erfolge Chinas in der Bekämpfung der Seuche herunterspielen oder gar ganz verschweigen.

Dieser Strategie jedoch liefe die Dokumentation des SWR zuwider. Sie würde ein ganz anderes Bild von der Wirklichkeit in China vermitteln, als der Leser der FAZ es aus seiner Zeitung wie auch aus den anderen westlichen Medien tagtäglich erfährt. Gilt es das zu verhindern? Darum die ganze Aufregung? Kann nicht sein, was nicht sein darf?

Die nächste Niederlage droht

Mit solchen Beiträgen wie dem über Wuhan liefe der Westen Gefahr, auch noch die „Schlacht der Narrative" zu verlieren, die die FAZ in ihrer Ausgabe vom 1.4.2020 ausgerufen hatte. Wenn schon die Schlacht um Corona verloren ist, so soll doch wenigstens Darstellung und Deutung der Ereignisse noch in der Hand der westlichen Medien bleiben. Es geht darum, die Menschen im eigenen Einflussbereich bei der Stange zu halten, wenn man schon auf die Meinungsbildung in China selbst kaum Einfluss hat.

Aber auch in dieser Frage wächst die Konkurrenz zwischen dem Westen und China. So stellt man in der Frankfurter Redaktion erschreckt fest, dass das Land „mit immer ausgefeilteren Methoden die internationale öffentliche Meinung zu beeinflussen suche."[68] China berate darüber, wie es die eigene „internationale Diskussionsmacht verstärken und die Dominanz westlicher Medien brechen könne"[69].

Wie aber sehen diese ausgefeilten Methoden aus, die diejenigen so erschrecken, die bisher die Meinungsbildung gesteuert haben? Vor

---

68 FAZ vom 15.6.2020: Chinesische Propaganda im SWR?
69 ebenda

welcher Gefahr will die FAZ die Medienkonsumenten im Westen bewahren, was sollten sie nicht zu sehen bekommen in der abgesetzten Dokumentation? „Gezeigt werden bestens ausgestattete Krankenhäuser, bestens versorgte Patienten, chinesische Hochtechnologie"[70]. Davon jedoch hatte die FAZ ihren Lesern nicht berichtet, obwohl sie Korrespondenten vorort hat.

Sie hätte sich vielmehr gewünscht, „dass in der Dokumentation auch Personen zu Wort kommen, die das offizielle Narrativ in Frage stellen"[71]. Kämen solche Ansprüche und Kritik vonseiten der Macher der abgesetzten Dokumentation an der Berichterstattung der FAZ, würde diese sich mit Sicherheit unter Hinweis auf ihre redaktionelle Gestaltungsfreiheit dagegen verwahren. Vielleicht ist sie aber von ihrem eigenen China-Bild mittlerweile selbst so geblendet, dass man sich über andere Sichtweisen verwundert die Augen zu reiben scheint.

Bisher hatten die Medien im Westen ein eher negatives Bild gezeichnet über das chinesische Krisenmanagement, wenn sie denn überhaupt darüber berichteten. Aber „stattdessen sehen wir ein scheinbar perfekt funktionierendes Krisenmanagement und scheinbar dankbare und zufriedene Bürger"[72]. Was daran als ausgefeilte Methoden zur Beeinflussung der Öffentlichkeit bekritelt werden kann, erschließt sich vermutlich nur der FAZ. Denn immerhin hatten diese Informationen dem oben bereits erwähnten dreimaligen Fakten-Check des SWR standhalten müssen.

Als ähnlich gefährliche Einflussnahme scheinen auch die Aussagen der renommierten Ärzte Wieler und Drosten angesehen zu werden, die sich in dem abgesetzten Beitrag positiv zum Krisenmanagement Chinas äußern. So vermutet Drosten, „was in der frühen Phase des Ausbruchs passiert ist, wäre in vielen Ländern noch viel stärker entgleist"[73]. Und Wieler nimmt die Chinesen gegen Vorwürfe in Schutz, zu spät gehandelt zu haben: „Im Nachhinein ist man immer schlauer"[74]. Das also ist die gefährliche Manipulation und Einflussnahme, die von China ausgeht. Das glaubt man dem mündigen Bürger im Westen nicht zumuten zu können?

Unzuverlässige Kantonisten

Traut man dem mündigen Bürger nicht zu, dass er sich ein eigenes

70   FAZ vom 15.6.2020: Chinesische Propaganda im SWR?
71   FAZ vom 16.6.2020: Wuhan und Wahrheit
72   FAZ vom 15.6.2020: Chinesische Propaganda im SWR?
73   ebenda
74   ebenda

Bild schaffen kann ohne Bevormundung durch die eigenen Medien? Oder hat man vielmehr sogar Angst davor, dass er sich durch solche Dokumentationen ein Weltbild schaffen könnte, an dem die Berichterstattung unserer Medien sich als das enttarnt, was sie in Wirklichkeit ist: Manipulation und die Form von Beeinflussung, die man gerade China und auch Russland immer wieder unterstellt.
Andererseits: Welche Einstellung gegenüber den Medienkonsumenten offenbart diese Haltung unserer Medien? Man bezweifelt schlichtweg ihr Urteilsvermögen. Diese herablassende Einstellung kam schon in den Vorwürfen der Wählermanipulation durch Russland und China bei den Wahlen in den USA und den Europawahlen zum Ausdruck. Offenbar halten die Medien im Westen den Bürger für zu blöde, um zu erkennen, was richtig und wahr ist. Muss er deshalb von unerwünschter Einflussnahme abgeschottet werden?
Letztlich aber besagt das nichts anderes, als dass Medien und Politik von ihrer eigenen Argumentationskraft und Weltsicht nur wenig überzeugt sind. Wenn sie glauben, dass die eigenen Bürger so leicht durch die Argumente der anderen überzeugt werden können, dann kann es mit den eigenen Ansichten nicht weit her sein. Das aber ist die praktische Erfahrung in den gesellschaftlichen Auseinandersetzungen im Westen. Die Meinungsmacher erkennen immer deutlicher, dass das eigene Weltbild die Öffentlichkeit immer weniger überzeugt, dass die eigenen Argumente zu schwach sind.
Die westlichen Medien misstrauen nicht Russland oder China, sie misstrauen ihren eigenen Bürgern. Sie trauen seinem Urteilsvermögen nicht. Dieses Misstrauen aber hat gute Gründe: Denn die Medien wissen, dass sie manipulieren, dass sie den Menschen ein falsches Bild von der Wirklichkeit vermitteln. Sie zeichnen ein Bild von der Wirklichkeit, das ihren Wünschen und politischen Interessen entspricht. Und Beiträge wie der, den man nun mit Erfolg abgesetzt hat, tragen in sich die Gefahr, dass die Manipulation offenbar wird.

Appell und Aufruf

Fordern wir als Bürger die Ausstrahlung der abgesetzten Dokumentation. Dass die FAZ versucht, unliebsame Beiträge zu verhindern, kann man kritisieren. Noch mehr Kritik aber verdient ein Sender, der sich den Ansprüchen privater Medienunternehmen unterwirft. Die Sender der ARD werden nicht von diesen Konzernen finanziert. Es sind die Bürger dieses Landes, die mit ihren Gebühren den Sendebetrieb ermöglichen. Sie sind es, die Gehälter derer zahlen, die in eigenmächtiger Selbstgefälligkeit glauben, für die Gebührenzahler

entscheiden zu dürfen, was er sehen darf und was nicht. Wir haben
ein Recht auf ehrliche Berichterstattung.

Kontaktformular Programmbeschwerde[75]

Vor allem aber sollten die alternativen Medien und all diejenigen,
die sich einer objektiven Berichterstattung verpflichtet fühlen, die
Veröffentlichung des abgesetzten Beitrags fordern. Wodurch würden
sie sich sonst als alternative Medien auszeichnen?

---

75 https://www.swr.de/unternehmen/organisation/gremien/rundfunkrat/formula
r-programmbeschwerde-100.html

Wirklichkeit belehrt Wissenschaft

8.7.2020 von Rüdiger Rauls, auf politische analyse

Wissenschaft schafft nicht nur Wissen sondern auch Verunsicherung. Neue Erkenntnisse stellen alte Gewissheiten in Frage. Worauf aber ist noch Verlass? Denn die Wissenschaftsgesellschaft verliert den Blick für die Wirklichkeit.

Im Dienst der Interessen

In den gesellschaftlichen Auseinandersetzungen nimmt die Wissenschaft eine immer bedeutendere Stellung ein. Jeder beruft sich auf sie, der seinen Ansichten Nachdruck verleihen will. Da sie den Ruf der Neutralität hat, gilt sie als unverdächtig. Damit ist sie ein idealer Deckmantel, hinter dem sich die Interessen verstecken können.

Dieses Bild der Neutralität bekommt Risse. Immer häufiger stützen sich die gesellschaftlichen Gruppen mit ihren Interessen auf wissenschaftliche Erkenntnisse, Studien und Theorien als Beweis für die Richtigkeit der eigenen Ansichten.

Die Gesellschaft wird überschwemmt mit Wissenschaftlichkeit. Sie ist das neue Glaubensbekenntnis, das Credo der Wissensgesellschaft. Was wissenschaftlich ermittelt ist, ist glaubhaft und scheint auch geglaubt werden zu müssen.

Andererseits entsteht zunehmend der Eindruck, dass wissenschaftlich unterlegte Aussagen in erster Linie jenen gesellschaftlichen Kräften dienen, die die Studien in Auftrag geben oder finanzieren. Denn die Veröffentlichung der Ergebnisse liegt im Ermessen des Auftraggebers, nicht im Ermessen der Wahrheitsfindung. Wissenschaft erscheint deshalb immer häufiger als parteiisch und immer weniger neutral.

Da sie im Widerstreit der politischen Diskussionen als Verstärker der unterschiedlichen und gegensätzlichen Interessen eingesetzt wird, erscheint sie selbst auch als immer widersprüchlicher und beliebiger. Der Streit der Interessenvertreter färbt auf sie ab. Auch auf sie scheint immer öfter zuzutreffen: Wess' Brot ich ess, dess' Lied ich sing".

Gesellschaftliche Auswirkungen

Der Eindruck verfestigt sich, dass auch der Wissenschaft nicht mehr zu trauen ist. Damit ereilt sie allmählich das Schicksal der politischen und staatlichen Einrichtungen, die in den Augen vieler Bürger gesteuert sind von undurchsichtigen Kreisen und geheimen Kräften. Denn die Wahrheiten von heute, gelten morgen schon als widerlegt. Aber beide waren Ergebnisse wissenschaftlich durchgeführter Untersuchungen und deren Verfallsdatum wird immer kürzer. Zurecht stellt sich da die Frage: „Was ist denn nun richtig? Was ist wahr? Wer hat Recht?" Viele wissen nicht mehr, wem sie denn nun glauben sollen.

Dadurch wird Wissenschaft zur Glaubenssache. Die Menschen aber erwarten eindeutige Aussagen darüber, was richtig und was falsch ist, nicht das ständige Hin und Her. Denn ihnen fehlen die Zeit und die Voraussetzungen, um sich selbst ein klares Bild in den Streitfragen zu verschaffen.

Oftmals fehlt ihnen auch das Interesse an der Klärung solcher Fragen. Deshalb ziehen sie sich, der Rechthaberei und des unverständlichen Meinungsstreits überdrüssig, aus der gesellschaftlichen Auseinandersetzung zurück. Sie ist für sie nicht mehr nachvollziehbar, weil nicht mehr Teil ihrer Welt.

Kopfgeburten

Im Durcheinander all der Meinungen, Ansichten, Behauptungen, des Streits unter den selbst ernannten und ausgerufenen Experten geht eine Frage vollkommen unter, die Frage nach der Wirklichkeit. Was von all diesen Thesen und Theorien, die in den Talk-Shows, den Experten-Gesprächen und Podiumsdiskussionen vorgetragen werden, entspricht denn überhaupt der Wirklichkeit?

Diese Frage scheint sich niemand mehr zu stellen, scheint nicht mehr von Bedeutung zu sein. Der öffentliche Schlagabtausch ist ja nur ein Umsichschlagen mit „Hirngespinsten". Sie sind die Ergebnisse einer in den Hirnen ausgesponnenen, erdachten Wirklichkeit, ein Bild über die Wirklichkeit, eine Vorstellung von Wirklichkeit. Aber sie sind nicht die Wirklichkeit selbst.

Sie alle sind Kopfgeburten, erzeugt aus dem, was in der Umwelt wahrgenommen und dann in den Hirnen verarbeitet wird. Dabei hat ein jeder verschiedene Herangehensweisen, aus diesen Eindrücken Erkenntnisse und Bewusstsein zu bilden. Am Ende entsteht aus all diesen Zutaten eine Meinung.

Deshalb bestehen so viele unterschiedliche Sichtweisen zu ein und demselben Gegenstand, Erlebnis oder Vorgang. Denn jeder Mensch nimmt aus der Wirklichkeit um ihn herum etwas anderes auf, weil jeder etwas anders sieht und als wahr annimmt. Und da die

Wahrnehmung, aus der sich dann eine Sichtweise bildet, unterschiedlich ist, sind auch die Meinungen so verschieden.

Wirklichkeit als Kompass

In diesem Wust der Ansichten, dem Streit um Wahrheit, der Rechthaberei und der Selbstdarstellung, der Kanonade der Argumente, Meinungen, Ansichten, der untrüglichen Studien und vorgeblichen Gewissheiten, in all dem verwirrenden Durcheinander gibt es nur eine einzige Orientierung: die Wirklichkeit.

Damit ist nicht das gemeint, was die Menschen für Wirklichkeit halten, sondern diese Realität, die unabhängig von den Ansichten der Menschen existiert, außerhalb ihrer Köpfe, in der Welt da draußen. In dieser äußeren Welt war die Erde immer eine Kugel, auch wenn es tausend Beweise, Erkenntnisse und Theorien gab, die glasklar belegten, dass sie eine Scheibe ist. Aber sie alle stellten sich am Ende als falsch heraus.

Eine Theorie, die sich an der Wirklichkeit nicht bewahrheitet, ist falsch, da hilft kein Argumentieren. Wenn die Ansichten im Widerspruch stehen zu den Vorgängen außerhalb der Theoriegebilde, dann sind die Ansichten falsch.

Da nützt auch alle wortreiche Überzeugungskraft nichts, denn die Wirklichkeit lässt sich nichts einreden. Sie ist unbestechlich. Sie kann auch durch noch so ausgeklügelte Beweisführung nicht davon überzeugt werden, dass sie anders sein müsste, als sie ist.

Wenn die Fülle des Wissens, der Argumente und der Theorien kein klares Bild ergibt von der Wirklichkeit, dann sind sie nutzlos, dann erfüllen sie nicht ihre Aufgabe. Denn diese besteht darin, die Wirklichkeit verständlich zu machen. Daran müssen die Theorien gemessen werden.

Dazu gehört Ordnung. Unser Wissen besteht aus einer unüberschaubaren Menge an Erkenntnissen. Aber diese alleine schaffen noch kein Weltbild. Liegen diese ungeordnet nebeneinander, sind sie vergleichbar den Tausenden bunter Steine, die alleine auf Grund ihrer großen Menge und Buntheit noch lange kein Mosaik ergeben. Erst wenn sie in einer bestimmten Ordnung zusammengesetzt werden, entsteht daraus ein Bild. Denn Erkenntnis braucht Ordnung, um Bewusstsein zu werden.

Wirklichkeit erkennen

Die Wirklichkeit ist nicht immer einfach zu erkennen, denn Wirklichkeit hat viele Seiten. Um die vielen Seiten zu einem Weltbild zu vereinen, das auch der Welt da draußen entspricht, braucht der Mensch ein Hilfsmittel.
Dieses Hilfsmittel ist der Meinungsaustausch, nicht zu verwechseln mit dem Meinungsstreit. Der ist nur ein intellektuell klingendes Wort für Rechthaberei. Meinungsaustausch ist orientiert an Erkenntnis. Bei ihm steht das Verstehen im Mittelpunkt, nicht Eitelkeit oder Selbstdarstellung.
Die oben bereits erwähnte beschränkte Wahrnehmung des Menschen erscheint nur auf den ersten Blick als ein Makel. Es gibt kein Lebewesen, das über eine uneingeschränkte Wahrnehmung verfügt. Der Vorteil des Menschen gegenüber allen anderen Lebewesen besteht in der Aufhebung dieser individuellen Beschränkung durch den Meinungsaustausch.
In ihm werden die unterschiedlichen Wahrnehmungen über die Welt zu einem immer umfassenderen Gesamtbild zusammengesetzt. Durch den Austausch und den Abgleich der einzelnen und unterschiedlichen Ansichten entsteht ein Bild von der Wirklichkeit, das sich immer mehr der realen Welt annähert. Meinungsaustausch im Interesse des Erkenntnisgewinns ist die Voraussetzung für das Erkennen der Wirklichkeit und der Wahrheit dahinter.

Wirklichkeit in Zeiten der Krisen

Die Krisen des vergangenen Jahrzehnts haben besonders die westlichen Gesellschaften erschüttert. Der Zusammenhalt löst sich auf und kann nur unter Aufbietung ständiger Appelle an das Wir-Gefühl mühsam und notdürftig gekittet werden.
Jede neue Krise vertieft zum Teil die alten Brüche und führt zudem auch zu neuen Rissen im Gesellschaftsgebäude. Es nehmen nicht nur die Konflikte zwischen gesellschaftlichen Gruppen Schärfe und Zahl zu, auch die Distanz zwischen ihnen und dem Staat wächst.
In der Wirtschafts- und Finanzkrise von 2008/9 kam Kritik von vornehmlich linksorientierten Bevölkerungsteilen am Krisenmanagement der Regierungen. Die Flüchtlingskrise von 2015 brachte eher rechtsorientierte oder konservative Gesellschaftskreise gegen den Staat auf, dem eigentlichen Fundament der gesellschaftlichen Ordnung bis dahin.

In beiden Krisen wandte sich der Protest nicht nur gegen den Staat selbst. Es wandten sich auch politisch orientierte Gruppen mit ihren Ansichten gegen die jeweils anders orientierte Seite.

Diese politisch bestimmte Trennlinie verwischte in den anschließenden Krisen. In der Klima-Bewegung traten sowohl rechts- als auch linksorientierte Kräfte für einen Kampf gegen den Klima-Wandel ein. Eine Unterscheidung in Rechts und Links war innerhalb der Klima-Bewegung selbst anhand von Sichtweisen kaum noch auszumachen.

Hier verlief die Trennlinie zwischen den Einstellungen zum Thema Klimawandel, zwischen den sogenannten Klima-Leugnern und Klima-Alarmisten. Zwar belegten sich diese beiden Lager gelegentlich gegenseitig auch mit den politischen Markierungen „Rechts" und „Links".

Das war aber eher nebensächlich und zudem auch zufällig. Denn es gab unter den sogenannten Klimaleugnern auch viele Linke und unter den Klima-Alarmisten sehr viele, die in ihren sonstigen politischen Ansichten eher im rechten Spektrum zu verorten waren.

Jetzt in der Corona-Krise scheinen rechte und linke Orientierungen sich noch stärker zu durchdringen. Hier ist eher ein gemeinsames Vorgehen gegen das Handeln des Staates zu erkennen. Der Staat ist der gemeinsame Gegner.

Ein eindeutig linkes oder rechtes Argumentieren ist nicht mehr zu erkennen. Der Konflikt in der Corona-Krise entbrennt zwischen dem Staat und den Kritikern seiner Maßnahmen auf der einen Seite, aber auch zwischen Befürwortern und Gegnern dieser Maßnahmen auf der anderen Seite.

In beiden Krisen, der Corona- wie auch der Klima-Krise, versuchen beide Seiten, die jeweils andere durch Berufung auf die Wissenschaft von der Richtigkeit der eigenen Theorien zu überzeugen. Dazu wurden Heerscharen von Experten mit ihren wissenschaftlichen Erkenntnissen, Argumenten und Studien aufgeboten, die sich gegenseitig zu widerlegen versuchten.

Für die Argumentation der einen Seite hat die jeweils andere dann auch immer gleich das passende Gegenargument parat. Man dreht sich im Kreis von Rede und Widerrede. Nur eines fällt bei dieser Herangehensweise außer Betracht: die Wirklichkeit. Im Mittelpunkt stehen die eigenen Ansichten, nicht das Verhältnis dieser Ansichten zu den Realitäten außerhalb des Kopfes, der diese Ansichten gebiert.

Klima-Krise und Wirklichkeit

All die Argumente der jeweiligen Seiten konnten die Gegenseite nicht überzeugen. Statt das Argument zu wiegen und zu messen an der Wirklichkeit, erging man sich in der Eskalation der wissenschaftlichen Beweise. Aber die Fülle der Sichtweisen, die die Diskussion bestimmten, verstellten den Blick auf das Wesentliche: Wie verhält sich das Vorgetragene zu den Vorgängen, die außerhalb der Köpfe in der Welt stattfinden und wirken?

Die sogenannten Klima-Alarmisten stützten ihre Drohung vom bevorstehenden Klimakollaps auf die Behauptung, dass das CO_2 in der Atmosphäre zu einer gefährlichen Erderwärmung führe. Dieser sogenannte Treibhauseffekt gilt ihnen als wissenschaftlich abgesicherte Theorie, die den Vorgang der Erderwärmung erklärt.

Der Blick auf die Tatsachen in der Wirklichkeit offenbart, dass die Atmosphäre nur zu 0,04% aus Kohlendioxid besteht. Trotzdem soll dieser geringe Anteil einen solchen Aufheizprozess bewirken.

Die Tatsachen der Wirklichkeit offenbaren aber auch, dass die Erdatmosphäre in ihrer Geschichte schon über wesentlich höhere CO_2-Konzentrationen verfügte, zum Teil sogar im zweistelligen Prozentbereich. Und es ist eine Tatsache, die von keiner Seite bestritten wird, dass auf der Erde in früheren Zeiten wesentlich höhere Temperaturen geherrscht haben.

Aus diesen Tatsachen ergibt sich ein Widerspruch der Treibhaus-Theorie zur Wirklichkeit. Wenn sich heute die Erde aufgrund von 0,04% Kohlendioxid erwärmen soll, wie konnte sie sich dann abkühlen?

Wenn unter früheren, wesentlich höheren CO_2-Konzentrationen und zusätzlich wesentlich höheren Temperaturen eine Abkühlung stattgefunden hat, wie soll dann heute unter niedrigeren Konzentrationen und niedrigeren Temperaturen eine Erwärmung stattfinden? Nach dieser Theorie hätte sich die Erde noch mehr aufheizen müssen. Aber in der Wirklichkeit hat sie sich abgekühlt.

Da steht die Theorie in den Köpfen im Widerspruch zu der Wirklichkeit außerhalb. Das lässt sich auch nicht weg argumentieren. Das Argumentieren hat allerhöchstens dazu geführt, die Wirklichkeit zu ignorieren. Der Durchsetzung der eigenen Ansichten wurde der Vorrang eingeräumt gegenüber dem Anspruch, die Wirklichkeit zu erkennen.

Denn die Erde ist eine Kugel, auch wenn die Menschen sie für eine Scheibe hielten. Und Erwärmung kann in der Wirklichkeit nicht stattfinden, wenn unter ungünstigeren Bedingungen sogar Abkühlung eingetreten war.

Corona und die Wirklichkeit

Im Corona-Konflikt offenbart sich der Widerspruch zwischen Theorie und Wirklichkeit anders. Er verläuft nicht zwischen den Ansichten und den Naturgesetzen. Die Klima-Aktivisten haben die Naturwissenschaften nicht bestritten. Sie haben sie ignoriert, wenn sie nicht die eigenen Ansichten bestätigen. Das ist im Streit um Corona anders.
Die Theorien der Corona-Kritiker bestreiten, dass von dem Virus eine Gefahr ausgeht. Einige zweifeln sogar seine Existenz an. Diese Zweifel stützen sie auf den Vergleich der heutigen Maßnahmen zur Eindämmung der Seuche mit jenen bei der Grippe-Epidemie vor drei Jahren.
Damals waren allein in Deutschland circa 25.000 Tote zu beklagen, also wesentlich mehr als bei der aktuellen Corona-Epidemie. Zurecht stellt man fest, dass es aber trotz der wesentlich höheren Opferzahlen damals nicht zu vergleichbaren Einschränkungen des öffentlichen Lebens und der Grundrechte durch den Staat kam.
Natürlich kann dieser Widerspruch nicht weg diskutiert werden, denn er existiert. Verstärkend wirkt, dass bisher auch von staatlicher Seite nicht versucht, diesen Widerspruch aufzuklären. Aus diesem Grunde und weil bei vielen Menschen das Vertrauen in den Staat im Verlaufe der vergangenen Krisen ohnehin stark gelitten hat, nährt sein Verhalten in der aktuellen Krise das Misstrauen.
Die Gründe dafür sind nicht von der Hand zu weisen. In den Augen großer Teile der Bevölkerung sind die Krisen der Vergangenheit durch Maßnahmen gelöst worden, die die Reichen haben reicher werden lassen und die Armen ärmer und mehr.
Dadurch erscheint der Staat immer mehr Menschen als Interessenvertreter der Reichen. Man betrachtet ihn als eine Einrichtung, die nicht dem Volk dient sondern undurchsichtigen Kreisen und im Verborgenen wirkenden Mächten.
Dieses Misstrauen schlägt nun auch den Maßnahmen zur Corona-Bekämpfung entgegen. Aufgrund des Misstrauens gegenüber dem Staat vermuten deshalb viele hinter den ergriffenen Maßnahmen andere Gründe als die vorgegebenen der Seuchenbekämpfung und der Sorge um die Bevölkerung.
Sie glauben, dass es nicht um den Schutz der Bürger geht sondern vielmehr um eine Ausweitung der Kontrolle über die Menschen. Diese sollen noch leichter und besser in den Dienst jener Kreise

gestellt werden, deren Wirken man im Hintergrund vermutet.

Seither spielt sich die Diskussion auf dieser Ebene der vermuteten Hintergründe und Pläne ab, die da umgesetzt werden sollen. In diesem Zusammenhang sollen Theorien und Berechnungen beweisen, dass die Epidemie nicht so gefährlich ist, wie verlautet, dass sie vielleicht gar nicht existiert. Manche halten gar das Virus selbst nur für eine Erfindung eben jener Kreise, die im Hintergrund die Fäden ziehen.

Dabei wird aber übersehen, dass das Virus in allen Teilen der Welt bekämpft wird. Man ist also weltweit übereinstimmend der Meinung, dass es existiert und eine Bedrohung darstellt. Es sind nicht nur die westlichen Staaten, die das Virus bekämpfen und die als Keimzelle jener Kräfte angesehen werden, die mittels der Epidemie ihre besonderen Interessen verwirklichen wollen.

Mit China und Russland beteiligen sich auch solche Staaten an der Bekämpfung der Pandemie, die sonst nicht im Ruf stehen, nach der Pfeife des Westens zu tanzen. Die geheimen Kräfte, die man hinter dem Virus vermutet, können zwar in den westlichen Staaten ihr Unwesen treiben, aber sie haben in Russland und China keinen Einfluss. Trotzdem bekämpfen aber auch diese Staaten das Virus.

Der Kern des Widerspruchs

Hier liegt der Kern des Widerspruchs in der Corona-Debatte. Was in den Ländern des Westens geschieht, kann nicht mehr nur alleine als interne Maßnahmen betrachtet werden. Der größte Feind in diesen Ländern ist nicht die eigene Bevölkerung, die man immer stärker zu kontrollieren versucht, wie solche Theorien glauben machen wollen. Der größte Feind für den Wertewesten befindet sich nicht im Inneren sondern außerhalb der Länder des Wertewestens, in China. Bereits im März 2019 hatte die EU das Land von einem wirtschaftlichen Konkurrenten zu einem strategischen Widersacher und Systemrivalen hochgestuft. Aus der bisher wirtschaftlichen Konkurrenz war politische geworden, eine Konkurrenz der Systeme.

In diesen Kampf gegen das politische System in China wurden alle Themen aufgenommen, mit denen man glaubte, China diskreditieren zu können: die Lage der Uiguren, die Auseinandersetzungen in Hongkong, die Bedrohung der westlichen Demokratien durch die vorgebliche Spionage von Huawei, die Einflussnahme chinesischer Medien und Vertreter auf die Öffentlichkeit im Westen.[76]

---

76 siehe dazu: <u>Rüdiger Rauls: Vorteil China</u>

In diesem Zusammenhang sollte auch die Bekämpfung des Virus zu einem Nachweis für die Überlegenheit der freiheitlichen Demokratien im Westen werden gegenüber dem autoritären System eines China, das durch die Politik einer kommunistischen Partei geprägt ist.

Das Virus ist nicht nur ein Virus. Es ist zu einer politischen Waffe geworden im Kampf des Westens gegen China. Damit aber wurde ohne Not ein „unverfängliches" Virus zu einer Legitimationsfrage für ein politisches System aufgebauscht.

Und dieser Schuss ging nach hinten los. Denn China gelang es schneller als dem Westen, das Virus einzudämmen und weitgehend unter Kontrolle zu bringen. Das geschah unter ungeheuren Opfern für die Wirtschaft, aber auch für die Bevölkerung. Jedoch im Gegensatz zum Westen hatten die Menschen in China weitgehend Verständnis für die Maßnahmen und trugen sie mit.

Politische Nebenwirkungen

Noch Ende Januar 2020 war Gesundheitsminister Jens Spahn davon überzeugt, „dass der Krankheitsverlauf beim Coronavirus milder sei als etwa bei einer Grippe".[77] Als es aber dann hierzulande doch heftiger wütete, als man erwartet hatte, sah man sich zu ähnlichen Maßnahmen gezwungen wie die Chinesen. Wie hätte man sonst der deutschen Bevölkerung erklären sollen, dass ein sogenannter Unrechtsstaat mehr Anstrengungen zum Schutze der eigenen Bevölkerung unternimmt als der Wertewesten?[78]

Man stand vor der Alternative, dieselben Maßnahmen zu ergreifen wie China oder aber einen marktorientierten Weg zu gehen, wie ihn die USA beschritten, wo der Gesundheit der Wirtschaft Vorrang eingeräumt wird vor dem Wohlergehen der Menschen. Die Zahlen sprechen eine deutliche Sprache über die Wirkung der beiden unterschiedlichen Vorgehensweisen, der chinesischen und der amerikanischen, in der Bekämpfung der Seuche.

Wollte man in der Konkurrenz mit China nicht nur auf dem Feld von Wirtschaft, Wissenschaft und Technik zurückfallen sondern nicht auch noch in der Frage der Volksgesundheit und der Legitimation des Gesellschaftssystems, kam man um diese Maßnahmen nicht herum.

---

77 https://www.n-tv.de/politik/Spahn-sieht-Deutschland-gut-gewappnet-article21536864.html
78 siehe dazu: Rüdiger Rauls: Keine Feigheit vor dem Virus!

Das ist der Hintergrund des Widerspruchs, den die Regierungen des Wertewestens nicht in die Öffentlichkeit bringen wollten. Aber er offenbart sich im Totschweigen der chinesischen Erfolge in der Seuchenbekämpfung.

Bei allem Zweifeln an der Existenz des Virus und seiner Gefährlichkeit darf ein grundlegender Widerspruch zwischen diesen Vermutungen und der Wirklichkeit im Kapitalismus nicht ignoriert werden: Alle diese Theorien über etwaige hinterhältige Absichten der Herrschenden stehen im Widerspruch zu ihren wirtschaftlichen Interessen. Ihnen als Besitzer der Unternehmen oder als Investoren dürfte es ganz und gar nicht gepasst haben, dass die Wirtschaft in weiten Teilen lahm gelegt wurde.

Die Herrschenden wollen Gewinne erwirtschaften. Sie wollen ihr investiertes Kapital verzinsen. Das steht für sie an oberster Stelle. Denn das ist die Quelle ihrer Macht, über die sie in der Gesellschaft verfügen.

Aber da können sie keinen Lockdown gebrauchen, der ihre Unternehmen über Wochen lahm legt, ihre Gewinne pulverisiert und am Ende vielleicht sogar noch ihr investiertes Kapital vernichtet. Ob das Teil des Plans war, muss bezweifelt werden. Da steht die Theorie im Widerspruch zur Wirklichkeit.

Das politisierte Virus

3.9.2020 von Rüdiger Rauls, auf politische analyse

Das Covid19-Virus ist nicht nur eine Gefahr für Leib und Leben, es bedroht auch das Gefüge der globalen Beziehungen und stellt die Stabilität besonders der westlichen Gesellschaften in Frage.

Verspekuliert

Im Jahre 2015 hatte China die Initiative „Made in China 2025" ausgerufen. Damit hatte das Land gewagt, seinen Anspruch auf die technologische Führerschaft in der Welt zu anzumelden. Dieser Plan sägte am Thron des Wertewestens, der damals immer noch gefangen war in der Vorstellung, dass China die Werkbank der Welt sei und auf absehbare Zeit auch bleiben werde.

Wieder einmal ist der Wertewesten über die eigene Überheblichkeit gestolpert. China hatte nicht zerlegt werden können wie seinerzeit die UdSSR durch die Strategie des „Wandel durch Annäherung", und das Projekt Seidenstraße, das der Wertewesten anfangs noch belächelt hatte, wurde zu einem überwältigenden Erfolg.

Nun steht er abseits und muss mitansehen, wie sich die Seidenstraße zu einem gewaltigen Konjunkturprogramm für Chinas Wirtschaft entwickelt. Durch seine wirtschaftliche und finanzielle Kraft wächst zudem Chinas politischer Einfluss in der Welt.

Für den Wertewesten unverständlich und unvorstellbar, hatte sich das Land ausgerechnet unter der Führung einer Kommunistischen Partei so gewaltig entwickelt, dass man darin nicht nur eine wirtschaftliche sondern zunehmend auch eine politische Bedrohung sah.

So erklärte die EU im März 2019 China nicht nur zum wirtschaftlichen sondern auch zum strategischen Rivalen und Systemgegner.

Da man aber auf China als Abnehmer europäischer, hier besonders deutscher Waren angewiesen war, beließen es die Europäer bei einer politischen Auseinandersetzung unterhalb der Schwelle massiver Konfrontation. Zudem ist man in Brüssel angesichts des chinesischen Wirtschaftsengagement in einigen EU-Ländern nicht immer einer Meinung im Umgang mit China.

Dagegen versuchen die USA besonders unter Trump, Chinas wirtschaftlichen Aufstieg zu behindern, um die eigene Wirtschaft gegen die chinesische Konkurrenz zu schützen. Technologisch führende Unternehmen wie Huawei, ZTE und neuerdings auch Tiktok, Tencent und Alibaba werden behindert oder sollen gar ganz aus den westlichen Märkten gedrängt werden. Dabei argumentierten die USA in erster Linie politisch mit der Menschenrechtslage in Hongkong und der Uiguren oder aber schüren Ängste mit unbewiesenen Spionagevorwürfen und verhängen Sanktionen.[79]

Westliche Fehleinschätzung

Bei all diesen Maßnahmen des Wertewestens geht es nicht nur um wirtschaftliche sondern auch um politische Destabilisierung. Dabei ist nicht klar, ob man tatsächlich selbst glaubt, was man der westlichen Bevölkerung als Chinabild verkauft, also der eigenen Täuschung aufsitzt. Oder betreibt man bewusste Manipulation, indem man ein Bild von der chinesischen Gesellschaft zeichnet, von dem man weiß, dass es falsch ist?[80]

Wirkt man darauf hin, durch einen Regime-Change andere politische Kräfte in China an die Macht bringen zu können, die den westlichen Interessen dienlicher sind, oder will man durch die politischen Kampagnen nur eine Schwächung des Landes und damit eine Verlangsamung der Entwicklung erreichen? Jedenfalls wird von westlicher Seite nichts unversucht gelassen, Chinas Aufstieg zu behindern.

Neben der Uigurenfrage und den Versuchen der Einflussnahme in Hongkong war die Corona-Epidemie ein weiterer Ansatzpunkt in der westlichen Strategie der Einmischung und Destabilisierung. Schon früh war deutlich geworden, dass die Seuche nicht nur ein medizinisches Problem war, sondern in ganz besonderem Maße auch zu einem politischen aufgebauscht wurde. Es sollte Auskunft geben über die Stärke der jeweiligen gesellschaftlichen Systeme.

So orakelte die Frankfurter Allgemeine Zeitung: „Chinas autoritäre Regierung kämpft nicht nur gegen das Virus. Das gesamte System steht in Frage"[81]. Wenige Tage später fragt Reinhard Veser in seinem Kommentar: „Wird am Ende das Coronavirus zum Entzündungsherd für das politische System Chinas?[82]. Wenn auch nicht ausgesprochen, so ist der Wunsch doch unüberhörbar, dass dies so eintreten möge.

Angesichts der ständigen Einmischungsversuche vonseiten des Westens, schien man in Peking keine Zweifel zu hegen, dass auch Corona zu politischen Zwecken benutzt werden würde. Dessen

---

79 siehe dazu Rüdiger Rauls: Die-Sanktionierten-schlagen-zurueck
80 siehe dazu Rüdiger Rauls: Chinesische Zustände
81 FAZ vom 1.2.2020: Angstherrschaft
82 FAZ vom 8.2.2020: Politisches Virus

eingedenk erklärte die Kommunistische Partei Chinas, „das Virus sei ein Test für die Überlegenheit des chinesischen Systems"[83].

Das war am 1.2.2020, als die Epidemie noch nicht voller Stärke in Europa und den USA angekommen war. Man wiegte sich hierzulande noch in der Sicherheit, aufgrund des eigenen überlegenen Gesellschaftssystems keinerlei Gefahren ausgesetzt zu sein. So beruhigte Gesundheitsminister Jens Spahn noch am 27.1.2020 die Deutschen, „dass der Krankheitsverlauf beim Coronavirus milder sei als etwa bei einer Grippe … Und wir bekommen auch einen Masern-Ausbruch in Deutschland mit deutlich milderen Maßnahmen in den Griff, als wir sie derzeit in China sehen."[84]

Während also Spahn felsenfest überzeugt war von der westlichen Überlegenheit, war man in Peking bescheidener: Man sah die Herausforderung an als einen Test für die eigene Überlegenheit, deren Beweis erst noch erbracht werden musste.

Und entsprechend dieser verschiedenen Einstellungen handelte man auch unterschiedlich. In Peking ließ man seinen Worten Taten folgen. China vollbrachte die „logistische Meisterleistung … innerhalb von wenigen Tagen nicht nur ein Krankenhaus mit 1500 Betten, sondern sogar ein zweites mit weiter 1000 Betten für die Vireninfizierten aus dem Boden zu stampfen"[85].

Gegenüber diesen geschaffenen Tatsachen als Nachweis von Handlungsfähigkeit entpuppten sich die vollmundigen Worte Spahns später als heiße Luft. Bei der Ankunft der Epidemie im Wertewesten offenbarte sich die vorgetragene Selbstsicherheit seiner Politiker, aber auch deren Ignoranz als unverzeihliche Überheblichkeit mit schwerwiegenden Folgen für die Bevölkerung.

An dieser Handlungsfähigkeit Chinas musste sich fortan der Westen messen lassen. Wie sollte man sonst der eigenen Bevölkerung erklären, dass ein Gesellschaftssystem, das von den westlichen Meinungsmachern immer als menschenverachtend dargestellt wurde, mehr Anstrengungen für das Wohlergehen der eigenen Bürger unternahm und dabei erfolgreicher war als die hochgelobten freiheitlichen Demokratien?

Das ist der Kern der Ungereimtheiten, die viele Bürger im Verhalten der eigenen Politiker nicht verstehen und deshalb als Ausdruck von Machtgier oder hinterhältigen Plänen der Eliten deuten.[86]

---

83 FAZ vom 1.2.2020: Angstherrschaft
84 Spahn-sieht-Deutschland-gut-gewappnet
85 FAZ vom 1.2.2020: Angstherrschaft
86 siehe dazu Rüdiger Rauls: Vorteil China

Kleinlaut geworden

Es dauerte nicht lange, bis dem Wertewesten die eigene Überheblichkeit auf die Füße fiel. Schon bald dämmerte auch hierzulande den Meinungsmachern, dass das Virus all das im eigenen Lande verursachen konnte, was man dem chinesischen System noch wenige Tage insgeheim gewünscht hatte: Zweifel und Unruhe in der eigenen Bevölkerung.

Noch am 3.3.2020 hatte die FAZ vollmundig die Vorteile des sogenannten demokratischen Rechtsstaats gegenüber dem „autoritären" chinesischen hervorgehoben: „Ein gut eingespieltes föderales System mit Entscheidungsträgern auf allen Ebenen ist im Endeffekt auch effektiver als zentrale Befehlsstrukturen"[87].

Doch bald wurden erhebliche Probleme in Deutschland, aber besonders in den Ländern der Corona-Leugner USA, Brasilien und Großbritannien in der Bewältigung der Epidemie offensichtlich. Selbst Länder wie Italien und Spanien, die die Seuche von Anfang ernst nahmen und mit allen Mitteln zu bekämpfen suchten, mussten nun erkennen, dass sie einer Gefahr gegenüber standen, die mit den herkömmlichen Mitteln schlecht unter Kontrolle zu bringen war.

Es war halt doch mehr als Spahns kleingeredeter „Masern-Ausbruch". Diese „für den Menschen ansteckende neuartige Viruserkrankung … lässt sich bisher nicht vollständig in die Karten schauen."[88] So musste denn auch eben jener Reinhold Veser, der am 8.2.2020 noch Corona als Entzündungsherd für das chinesische System gesehen hatte, erkennen: Die „Krise ist so tiefgreifend, dass sie zur Gefahr für die Legitimität eines jeden politischen und wirtschaftlichen Systems werden kann"[89].

Späte Würdigung

Von da an gings bergab mit der westlichen Überheblichkeit. Erstens musste man feststellen, dass in der Folge China die Lage im eigenen Land wesentlich besser in den Griff bekam, als man im Wertewesten erwartet hatte und wahrhaben wollte. Darüber hinaus aber konnte das Land durch seine Hilfsmaßnahmen politisch sogar gegenüber dem Westen in die Offensive gehen.

So musste der Prophet des chinesischen Untergangs, Reinhard Veser, in seinem Kommentar am 28.3.2020 feststellen, „dass es China und

---

87 FAZ vom 3.3.2020: Das Virus im föderalen Rechtsstaat
88 FAZ vom 4.2.2020: Kampf gegen das Coronavirus
89 FAZ vom 28.3.2020: Propaganda

Russland gelungen ist, sich in Italien zu großen Helfern in der Not zu stilisieren"[90]. Dabei sei es der EU nicht gelungen, „politisch und kommunikativ auf die großangelegte propagandistische Verwertung der alles andere als selbstlosen Hilfeaktionen Pekings und Moskaus"[91] zu reagieren.

Dass der Westen dazu nicht in der Lage war, lag nicht an technischem oder politischem Versagen. Vielmehr ist das dem Umstand geschuldet, dass die wirklichen Ereignisse keine propagandistische Darstellung westlicher Erfolge hergaben. China war der Gewinner in diesem Kampf der politischen Systeme, und da half in der Folge nur noch eins: Man schwieg im Westen tot, was man durch die Wirklichkeit nicht widerlegen konnte: Chinas Erfolge.[92]

Denn je weiter die Epidemie im Westen voranschritt, umso mehr fielen die Ergebnisse westlicher Seuchenbekämpfung hinter die chinesischen zurück. Oder aber man war gezwungen, dieselben Mittel und Methoden anzuwenden, die man wenige Wochen zuvor noch bei China als diktatorisch oder autoritär angeprangert hatte: Maskenpflicht, Quarantäne, Fieberkontrolle und Tracking-App.

„Aus ostasiatischer Perspektive aber hat Deutschland in der Pandemie versagt"[93]. So lautete die vernichtende Abrechnung der FAZ nach einem halben Jahr Corona-Bekämpfung, wobei Deutschland im Verhältnis zu den Staaten der Corona-Leugner noch sehr gut dasteht. Mit dieser ostasiatischen Sicht ist aber nicht der chinesische Blickwinkel gemeint. Als Vorbild in der Pandemie-Bekämpfung wird Japan dem westlichen Medienkonsumenten vorgestellt. China wird gar nicht mehr erwähnt.

Aber die Wirklichkeit lässt sich nicht verleugnen. In einem unscheinbaren Artikel der FAZ über eine Poolparty in Wuhan – und nicht nur dort – mit Tausenden von Badegästen gewährt man dem westlichen Medienkonsumenten dann doch noch einen Blick auf die Wirklichkeit: „Die Regierung hat von Anfang an auf eine Ausrottung des Virus gesetzt und nicht nur auf eine Abflachung der Infektionskurve wie zum Beispiel Deutschland. Dafür hat das Land drastische Maßnahmen ergriffen, die sich jetzt auszahlen"[94].

Das belegen auch die Wirtschaftszahlen. „Die Prognosen, dass die Epidemie die chinesische Wirtschaft in den Abgrund reißen werde, haben sich nicht bewahrheitet. ... Chinas Wirtschaft legte im zweiten Quartal ... im Vergleich zum Vorjahreszeitraum um 3,2 Prozent

---

90 FAZ vom 28.3.2020: Propaganda
91 ebenda
92 siehe dazu Rüdiger Rauls: keine Feigheit vor dem Virus
93 FAZ vom 18.8.2020: Japans Leben mit dem Virus
94 FAZ vom 19.8.2020: Poolparty in Wuhan

zu"[95]. Es war damit das einzige Industrieland, das ein Wachstum verzeichnen konnte.

Das ist eine späte Würdigung der chinesischen Verdienste durch Berichterstatter der FAZ, die ansonsten nicht bekannt ist für ihre Liebe zu China. Aber diese positive Darstellung fand sich nicht auf den vorderen Plätzen, wie sonst üblich für China-Berichte dieser Zeitung. Diese vorderen Plätze sind dort der Stimmungsmache gegen China vorbehalten.

Unruhe

Während also in China dank seiner Erfolge in der Seuchenbekämpfung wieder gefeiert werden kann, steigen die Infektionszahlen in den westlichen Staaten erneut an. Viele befürchten nun eine zweite Welle.

Die Unruhe, die die westlichen Medien in China hatten herbeireden wollen, entstand nicht dort sondern in den eigenen Gesellschaften. Besonders in Deutschland haben die Maßnahmen der Regierung sehr unterschiedliche Reaktionen hervorgerufen.

Während besonders in den Staaten, die von Corona-Leugnern regiert werden, die Untätigkeit der Regierenden angeprangert wird, werden hierzulande viele Einschränkungen des Alltagslebens als unangemessen kritisiert. Die westlichen Regierungen haben große Mühe, die eigenen Gesellschaften unter dem Druck der verschiedenen Gruppen und ihrer Forderungen zusammen zu halten. Demgegenüber stand die chinesische Gesellschaft weitgehend geschlossen hinter den Maßnahmen ihrer Führung.

Die Politisierung durch das Virus fand nicht nur auf der zwischenstaatlichen Ebene statt. Diese Rivalität zwischen den Staaten wird nun zunehmend noch verstärkt durch das Wettrennen um die Markteinführung von Impfstoffen. Mit zunehmender Dauer der Pandemie breitet sich die Politisierung auch immer weiter innerhalb der Gesellschaften des Wertewestens aus.

Zwar erhält die deutsche Regierung hohe Zustimmungswerte aus dem Großteil der Bevölkerung für ihr Krisenmanagement, obwohl es im Verhältnis zum chinesischen miserabel ist. Aber es wächst auch die Zahl derer, die durch diese Maßnahmen ihre Grundrechte, besonders das Recht der Meinungs- und Versammlungsfreiheit bedroht und Deutschland auf dem Weg in eine Diktatur sehen.

---

95 FAZ vom 20.8.2020: Chinas starke Börse

Gesellschaftliche Zerrissenheit

Nichts verdeutlicht diese gesellschaftliche Zerrissenheit so sehr wie die sogenannte Grundrechts-Bewegung. In ihr offenbart ein Zersetzungsprozess, der sogar die verfassungsmäßigen Grundlagen der Gesellschaft angreift. Das Grundgesetz, auf das sich die Bewegung beruft und zu dessen Schutz sie sich aufgerufen fühlt, wird nur in den Bereichen respektiert, die ihrem besonderen Interessen dienlich sind, nämlich der Versammlungs- und Meinungsfreiheit.
Aber das Grundgesetz ist kein Menü, aus dem sich jeder herauspicken kann, was ihm gefällt, weil es seinen Sonderinteressen dienlich ist. Es bildet vielmehr den Kern des bürgerlichen Wertesystems, die DNA der bürgerlichen Gesellschaft. So hält es ausdrücklich in Art 2 Absatz 2 das Grundrecht auf Leben und körperliche Unversehrtheit fest.
Dieses hohe gesellschaftliche Gut der bürgerlichen Errungenschaften, die unter Jahrhunderte langen Kämpfen und hohen Opfern gegen feudalistische Herrschaft erkämpft worden waren, scheint der Grundrechte-Bewegung gleichgültig und bedeutungslos. Jedenfalls findet dieser Artikel in der Argumentation ihrer Anhänger keine Beachtung. Gerade jedoch die Erfüllung dieses Artikels ist eine wesentliche Aufgabe des Staates. Auf diesem Auftrag des Grundgesetzes gründen letztlich die staatlichen Maßnahmen der Virusbekämpfung.
Selbst die sogenannten Schurkenstaaten, denen vonseiten des Wertewestens immer wieder der Respekt vor den Werten der Menschheit und der Menschlichkeit abgesprochen wird, fühlen sich dem Schutz von Leib und Leben der eigenen Bürger vor den Gefahren von Viren und Epidemien ebenso verpflichtet wie die westlichen Staaten. Es ist nicht erkennbar und schon gar nicht belegbar, dass sich diese Staaten mit dem Wertwesten gerade in der Frage der Pandemie-Bekämpfung gegen die eigene Bevölkerung verbündet haben sollen, wo sie doch sonst in fast allen gesellschaftlichen Fragen mit dem Wertewesten überkreuz liegen.
Politisch offenbaren sich in der Existenz der Grundrechts-Bewegung Misstrauen und Ablehnung einer wachsenden Zahl von Bürgern gegenüber den Führungskräften der bürgerlichen Gesellschaft. Was also die Meinungsmacher hierzulande in der chinesischen Gesellschaft zu erkennen glaubten, beschreibt vielmehr die Situation im eigenen Land und vielleicht auch im Westen insgesamt.

Wie weiter?

Das Coronavirus politisiert nicht nur das Verhältnis zwischen den
Staaten, es politisiert auch die Verhältnisse zwischen gesellschaftlichen Gruppen und Individuen. Diese Politisierung ist nicht
Bestandteil des medizinischen Problems, d.h. einer Infektion, die
sich zu einer Pandemie ausgeweitet hat. Aber es wird politisch
genutzt für die jeweils eigenen Interessen.

Spätestens, wenn Medikamente gegen das Virus zur Verfügung
stehen, wird sich die Frage nach der weiteren Existenz der Grundrechte-Bewegung stellen. Was wird von ihr bleiben? Kann ein Ziel
ausgegeben werden, das über den Protest gegen die aktuellen
Einschränkungen hinausgeht und dessen Verwirklichung von einem
großen Teil der Bevölkerung als gesellschaftlich sinnvoll und vor
allem notwendig angesehen wird?

Ähnlich wie Fridays for Future(FfF) gründet sich diese Bewegung
nicht auf politischem Bewusstsein sondern auf moralischer
Empörung. Beider Stärke beruht nicht auf eigener Kraft sondern auf
der Schwäche der Führungskräfte der bürgerlichen Gesellschaft.
Diese sind Opfer der eigenen Orientierungslosigkeit und Argumen-
tationsschwäche. Ihre Ideale sind hohl, ihre Argumente kraftlos
geworden durch eine Werteorientierung, die sich nicht mehr auf
Werte stützt, sondern diese nur noch im Munde führt[96].

Es bleibt zu hoffen, dass am Ende mehr bleibt als zerrüttete oder gar
zerbrochene Freundschaften, die das politisierte Kohlendioxid und
das ebenso politisierte Virus bisher schon hinterlassen haben. Beide
werden nicht verschwinden aus der Welt. Vielleicht wird es Mittel
gegen beide geben, die ihre Wirkung mildern. Aber verschwinden
werden sie nicht.

Ob die Bewegungen, die die beiden zu ihrem Thema gemacht haben,
länger überleben als ihre Auslöser, ist zu bezweifeln. FfF hat kaum
noch gesellschaftliche Strahlkraft. Aber die Menschen, die sich
wegen FfF und Corona zerstritten haben, werden es schwer haben,
wieder zueinander zu finden. Vielleicht gehen sie sich über längere
Zeit aus dem Weg wegen einer Auseinandersetzung, deren Anlass
schon lange vorbei ist. War es das wert?

Die Zerstörung gesellschaftlicher Diskussionsgrundlagen und
Meinungstoleranz kann nicht der Sinn politischer Auseinandersetzungen sein. Bei aller Unterschiedlichkeit der Ansichten ist
gesellschaftlicher Fortschritt nur möglich, wenn diese Unterschiede
auch gesehen werden als verschiedene Ansichten der Wirklichkeit

---

96 siehe dazu: Rüdiger Rauls: die Werteelite

statt als Schützengräben zwischen den Heerlagern verfeindeter Rechtgläubiger.

„Wo ist die Debatte? Wer baut noch Brücken?"[97] Diese Frage muss nicht nur an die Leitmedien gestellt werden, sondern auch an diejenigen, die diese in Bausch und Bogen ablehnen. Wer Debatte will, kann nicht vom eigenen Standpunkt aus als dem allein richtigen und einzig gültigen diskutieren. Erkenntnis muss das Ziel von Meinungsaustausch sein nicht Rechthaberei.

---

97 offener-brief-an-die-leitmedien-von-paul-schreyer/

Halten wir an unserer Sprache fest!

21.11.2020 von Liane Kilinc, auf politische analyse

Ein Beitrag über die Querdenker-Demonstration vom 7.11.2020 in Leipzig.

Verwirrung

Viele von uns betrachten die Demonstrationen gegen die Corona-Maßnahmen mit Unbehagen. Letztes Wochenende wurde in Leipzig auf der Querdenker-Demonstration ein Transparent getragen, auf dem geschrieben stand:
„Das bösartigste Virus auf der Welt ist die Kommunistische Partei Chinas".
Und das ist nur die Spitze des Eisbergs. Wir alle haben die immer wiederkehrenden Vorwürfe im Ohr, die Grundrechtseinschränkungen, die durch die Pandemie begründet werden, seien ‚DDR 2.0‘, während gleichzeitig das Grundgesetz in den Himmel gehoben wird als sei es tatsächlich die beste aller deutschen Verfassungen.
Maskenzwang ist Faschismus oder Stasi, egal, beides gleich böse…
Welch ein Durcheinander in den Köpfen, man weiß gar nicht, an welcher Stelle man anfassen kann, um diesen Knoten zu entwirren.
Und auf der anderen Seite? Da ist die Rede von Coronaleugnern, und es fällt das vertraute ‚rechtsoffen‘. Und es denke keiner, da sei der Verstand klarer. Wie kann es sein, dass Menschen auf die Straße gehen und erklären, sie glaubten nicht, was über die Pandemie in den Medien steht, aber dennoch unverbrüchlich glauben, was dieselben Medien, die selbe Regierung über die DDR erzählen?
Kann man wirklich die eine Erzählung so grundsätzlich in Frage stellen und die andere unüberdacht lassen? Und wie kann es sein, dass irgendwie in dem Ganzen die wirklichen, die sozialen Fragen gar nicht benannt werden? Weder von den sogenannten Leugnern, die sich am Grundgesetz festgebissen haben, noch von jenen, die meinen, der Regierung die Stange halten zu müssen, auch wenn viel für die Konzerne und wenig für die Menschen getan wird?

Sprachlosigkeit

Es ist, als gäbe es gar keine Sprache mehr für solche Fragen. Wir sind es ja gewohnt, dass viele schon beim Wort ‚Klasse‘ die Augen aufreißen, als stünde der Leibhaftige vor ihnen. Aber seit der Annektion wurden Schritt für Schritt weitere Begriffe ersetzt oder unmöglich gemacht.

Wer von sozialer Gerechtigkeit spricht, fördert den Sozialneid; wer benachteiligt wird, ist jetzt sozial schwach, wer seine Arbeitskraft nicht mehr verkaufen kann, dem fehlt die Eigeninitiative – ja, selbst ganz gewöhnliche sozialdemokratische Politik, wie sie die BRD in den 70ern kannte, ist mit dieser Sprache nicht einmal mehr einzufordern. Ganz zu schweigen davon, aus objektiven Klasseninteressen wieder subjektive werden zu lassen.

Im Gegenteil: Während allerorts Stellen gestrichen werden, vermeintlich wegen Corona, kündigt die Gewerkschaft verdi an, die Zusammenarbeit mit Fridays for Future zu verstärken. Der ganze DGB konnte sich nicht einmal dazu aufraffen, angesichts der Einkommensverluste vieler Arbeiterinnen und Arbeiter eine Verschiebung der CO2-Steuer zu fordern.

Wie also sollen Menschen, denen plötzlich – vermeintlich durch Corona – der Boden unter den Füßen wegrutscht, das denken und aussprechen können, was ihnen tatsächlich angetan wird? Wir wissen, dass die Künstler, die sich heute verzweifelt fragen, wovon sie denn leben sollen, weil es keine Auftritte mehr gibt, diese Probleme in der DDR nicht gehabt hätten. Weil ihr Einkommen nicht von den Auftritten abhing. Künstler mussten nicht auf einem Markt verkaufbar sein.

Sie hatten ein festes Einkommen. Wir wissen das. Aber die heutigen Künstler wissen das nicht. Dass viele Menschen in diesem Land keine Reserven haben und schon nach wenigen Wochen ihre Existenz gefährdet ist, das ist ein durch die herrschende Politik willentlich erzeugter Zustand. Wir alle kennen die Stichworte auf der Strecke dorthin: Hartz 4, Leiharbeit, Werkverträge, Scheinselbständigkeit, und auf der anderen Seite Körperschaftsteuersenkungen und Cum-Ex-Betrug…

Freiheit und Democracy

Die Vermögensstatistik besagte schon vor Jahren, dass die Hälfte der deutschen Bevölkerung so gut wie kein Vermögen besitzt. Das tut im normalen Alltag nicht weh, aber wenn plötzlich etwas wie Corona passiert, dann öffnet sich schnell ein unerwarteter Abgrund. Und der Blick fällt natürlich zuerst auf den Anlass, den Lockdown, und nicht auf den Grund.

Auch andere Dinge wirken mit. Seit vielen Jahren steigt die Zahl der Depressionen; eine normale Reaktion auf den beständigen Druck, zu dem nicht nur Konkurrenz in der Arbeit, sondern eben auch die Angst vor Armut, Krankheit, Wohnungslosigkeit gehören, und in diesem Jahr, das stand vor wenigen Tagen erst in Berlin in der Zeitung zu lesen, ist die Selbstmordrate enorm in die Höhe geschnellt. Auch das kein Wunder, wenn immer mehr 'soziale Distanz' eingefordert wird, in einer Gesellschaft, die im Normalzustand schon keine Heimat bietet.

Das alles beengt, und auf das Gefühl der Enge reagieren Menschen blindlings mit dem Wunsch nach Freiheit. Und weil ihnen ständig das Geklingel von ‚Freiheit und Democracy' im Ohr liegt, dieses groß tönende Leerwort ohne jede Bestimmung, wovon, wozu, wodurch und für wen, greifen sie in einem hilflosen Impuls nach den Worthülsen, die ihnen aus der täglichen Propaganda am vertrautesten sind. Es erinnert ein wenig an die Bauernkriege, als für die Forderung nach einer besseren Gesellschaft keine andere Sprache zur Verfügung stand als die der Religion.

Man könnte versucht sein, daran anzuknüpfen, wenn nur, um dagegen zu argumentieren. Aber das wäre keine Lösung. Wir müssen unsere Sprache behalten, weil wir noch über die sozialen Interessen sprechen können, über die Widersprüche, die Nöte, die Notwendigkeiten; und jetzt, da die Mehrheit dieser Gesellschaft erst wieder lernen muss, vom Sozialen zu sprechen, kann sie das auch gleich mit den richtigen Worten wieder erlernen, von Klassen, deren Interessen und deren Kämpfen, nicht mit der alten sozialdemokratischen Sklavensprache.

Am Wendepunkt

Aber es ist nicht nur Sprachlosigkeit, die einen tatsächlich sozial begründeten Protest auf bizarre antikommunistische Abwege führt. Es ist auch nicht nur die Abwesenheit einer klar führenden politischen Kraft, die die wirklichen Probleme aufgreift und benennt. Es ist auch nicht nur die tiefe Zersetzung aller oppositionellen Organisationen, nicht nur Folge der Bemühungen, jede Form von Protest irgendwie wieder einzufangen und ins Lager der Kriegstreiber zurückzuführen.

Um zu verstehen, was hier passiert, müssen wir den Blick etwas weiten, über Corona hinaus und auch über die Grenzen unseres Landes und selbst unserer Gegenwart. Denn eines ist klar – wir befinden uns an einem Wendepunkt in der Geschichte.

Im März des vergangenen Jahres sagte der Sprecher des chinesischen Außenministeriums, Lateinamerika gehöre niemandem und sei niemandes Hinterhof. Diesen Satz hat die bundesdeutsche Presse überhört, obwohl ihr die Ohren hätten klingeln müssen. Denn da hat ein Chinese den US-Amerikanern und den Europäern das Recht abgesprochen, über Regierungen in Lateinamerika zu entscheiden, einfach so, fast beiläufig.

Als wäre das eine Selbstverständlichkeit. Er hat nicht gesagt, „es wird niemandem gehören"; er hat in der Gegenwart gesprochen, er hat etwas festgestellt. Das US-amerikanische Imperium ist vorüber. Das ist die eine Ebene der tiefen gesellschaftlichen Krise; die Ökonomie ist die andere.

Unter dem Vorzeichen von Corona wurden ein weiteres Mal die Milliardäre auf Kosten des gemeinen Volks gemästet. Nicht nur mit seltsamen Verträgen über unerprobte Impfstoffe mit unbekannten Nebenwirkungen, denen man noch den Markt sichert, indem man mit Hilfe der Räuberpistole von Nawalny die russische Konkurrenz verbietet.

Die herrschende Klasse bedient sich ungehemmt; sie plündert bereits diejenigen, die sich zur Mittelschicht zählen, die Arbeiteraristokratie und das Kleinbürgertum, aber selbst dieser Raubzug löst die ökonomischen Probleme nicht, die seit der Finanzkrise auf dem Tisch liegen. Es gibt innerhalb dieses Systems keine Vorstellung von Zukunft mehr. Überall brechen neue Widersprüche auf wie die Risse, die ausgedörrten Boden durchziehen.

Auf schwankendem Grund

Der französische Präsident Macron, der seit über einem Jahr nur mühsam die Nase über der Flut der sozialen Proteste der Gelbwesten halten kann, liefert sich, weitgehend unbemerkt, in Libyen Stellvertretergefechte mit Merkel, und schickt französische Kriegsschiffe nach Griechenland, gegen die von Merkel gestützten Türken, in einer Auseinandersetzung um Gasfelder vor der türkischen Küste…
In den USA wird tatsächlich, ernsthaft, von Bürgerkrieg gesprochen… Wo ist noch fester Grund? In den Kernländern des Westens ist viel ins Rutschen geraten, und es ist noch nicht absehbar, wie viel. Corona, das ist da nur das Sahnehäubchen, der berühmte Tropfen ins volle Fass.
Tucholsky schrieb einmal, das Volk verstehe das meiste falsch, aber es fühle das meiste richtig. Das Gefühl umfasst den Zorn über eine Regierung, die nichts als der blanke Knecht der Konzerne ist, es umfasst die Angst vor der ungewissen Zukunft, es umfasst die Wut über die Leere, die die Stelle des Sozialen eingenommen hat.

Auch wenn die Epidemie echt ist und nicht vorgetäuscht, mit dieser Epidemie wird gespielt, sie wird nicht so bekämpft, dass die Menschen bestmöglich geschützt sind. Sie wird nicht so bekämpft, wie es einem Industrieland wie Deutschland möglich sein müsste.

Man kann den Virus ausrotten, nicht nur China hat das vorgemacht; dafür müsste man zwei, drei Wochen lang alles stillegen, auch die Produktion, und sich um alle Menschen kümmern, die Versorgung brauchen, und währenddessen testen, testen, testen. Das geht.

Hier wird in Quarantäne geschickt, und niemand fragt, ob die Betroffenen etwas zu essen haben oder nicht; Kinder sollen im Winter mit Masken Wochen, wenn nicht Monate in Klassenzimmern mit offenen Fenstern sitzen, in denen Heizung abgedreht ist, weil das ja Verschwendung wäre… Wieder fehlt an allen Ecken und Enden die einfachste Schutzausrüstung im Gesundheitswesen…

Aber die Fabriken arbeiten, der öffentliche Nahverkehr läuft, und die Ankündigung, das würde so noch lange bleiben, fand schon statt. Die Epidemie wird nicht, wie es sein sollte, in Zusammenarbeit mit allen anderen betroffenen Ländern bekämpft, sondern wird genutzt, um die Konkurrenz weiter zu verschärfen, auch mit den Nachbarländern. Was an Handwerk, Kleingewerbe, Kunst dabei zugrunde geht, ist Kollateralschaden. Das Volk fühlt das.

Seltsame Töne

Aber eines sollte man nicht vergessen – selbst in den großen Umbrüchen zeigt sich die wahre Gestalt des Widerspruchs erst mit der Zeit. Gerade dann, wenn große Mengen Menschen ohne politische Vorgeschichte in Bewegung geraten, sind die Töne anfangs seltsam und etwas ganz Anderes, als wir uns wünschen oder erwarten würden.

Die ersten Schritte werden noch von guten Untertanen gegangen. Sie betonen sogar, wie gute Untertanen sie sind, weil sie eben deshalb auch eine gute Herrschaft verdient haben. Dieses Muster findet sich in den Bauernkriegen ebenso wie im Russland des Jahres 1905, dessen erste große Demonstration ein Bittgang war.

Bei aller Großspurigkeit von ‚Widerstand‘ sind die Demonstrationen von Querdenken genau das – die Bittgänge guter Untertanen, die sich gerade durch diese antikommunistischen Parolen als gute Untertanen bekennen, selbst die Bandbreite ihrer Forderungen auf das Minimum beschränken und erschüttert sind, wenn selbst diesem Minimum noch die kalte Schulter gezeigt wird.

Sie täuschen sich über die Wirksamkeit einer geäußerten Meinung, ja, sie werden darin noch bestärkt, weil man schon auf diese Meinung einschlägt; und dennoch, sie werden erkennen müssen, dass dieser Weg nirgendwo hin führt. Dann haben sie zwei Möglichkeiten – sich brav wieder nach Hause zu trollen, um selbst unter der schlechten Herrschaft brave Untertanen zu bleiben, oder aber: andere Fragen zu stellen, die wirklichen Interessen entdecken, zu begreifen, dass alle bisherige Geschichte die Geschichte von Klassenkämpfen ist, auch die unsere, heute und hier.

Dann sollten wir unsere Antworten parat haben. Sobald die Fragen weiter gestellt werden, und sei es nur bis zu dem Punkt des ‚ihr da oben- wir da unten‘, verändert sich auch die Bedeutung des Satzes auf jenem Transparent, das ich eingangs zitiert habe. Denn der gute Untertan bleibt an die Sicht der Herrschenden gebunden, Herrschende, für die die KP Chinas tatsächlich der bösartigste Virus der Welt ist.

Was für sie schlecht ist, das wird begriffen werden müssen, kann für uns gut sein, und die einzig gute Herrschaft ist die, die das Volk über sich selbst ausübt. Das zu begreifen, dafür darf man tatsächlich den Blick nach China richten.

Liane Kilinc ist Vorsitzende der Friedensbrücke-Kriegsopferhilfe e.V. und Mitglied im Deutschen Freidenker-Verband

Corona und die Linke

25.11.2020 von Rüdiger Rauls, auf politische analyse

Nach der Sommerpause trifft die zweite Welle der Pandemie die westlichen Gesellschaften weitgehend unvorbereitet. Im Streit der Zuständigkeiten und Interessen war wertvolle Zeit verplempert worden. Dennoch sind die Zustimmungswerte der Regierenden nicht gefährdet. Linke Kritik, wenn überhaupt vorhanden, bleibt weitgehend wirkungslos.

Scheinbar antikapitalistisch

Nach der Flüchtlingskrise[98], dem Dieselskandal und der Klimabewegung Fridays for Future (FfF) ist die aktuelle Corona-Krise die letzte gesellschaftliche Auseinandersetzung, in der die Linke als Bewegung und auch als Partei kaum politischen Akzente setzen kann.

Durch ihre unklare und nicht an den Interessen der kleinen Leute orientierte Haltung verliert sie zunehmend an gesellschaftlicher Bedeutung. Sie läuft Bewegungen hinterher, die nicht das natürliche Milieu derer sind, die Linke zu vertreten glaubt, vertreten sollte und traditionell vertreten hat: die proletarisch geprägten Gruppen der Bevölkerung.

Nicht nur dass sie zu diesen immer mehr den Kontakt verliert, die Linke – was immer das auch sein mag – zerfällt auch in sich selbst. Aus der politischen Ursuppe, die sich als Linke bezeichnet, kristallisieren sich immer deutlicher zwei unterschiedliche Strömungen heraus: eine idealistisch-moralisierende und eine materialistisch-analytische. Der gesellschaftliche Bedeutungsverlust trifft besonders die letztere.

Wie die Parteien, die seit Jahrzehnten die deutschen Regierungen stellen, hat auch die Linke ihren Einfluss auf die Deutung gesellschaftlicher und politischer Vorgänge an Kräfte verloren, die durch Emotionalisierung weite gesellschaftliche Gruppen an sich binden können wie die Grünen und die AFD. Aber auch sogenannte Verschwörungstheoretiker gewinnen immer mehr an Einfluss.

Was bei FfF schon sich schon angedeutet hatte, nimmt zu bei den Querdenkern: die Grenzen zwischen Rechts und Links verschwimmen. Weltanschauung wird bestimmt durch persönliche Befindlichkeit, nicht durch das Anschauen der Welt, das Wahrnehmen der Wirklichkeit.

---

98 siehe dazu Rüdiger Rauls Migration-und-internationalismus

Die politische Ratlosigkeit und Widersprüchlichkeit der Linken wird besonders deutlich an der Kritik gegenüber den deutschen Corona-Maßnahmen, denen alles Mögliche unterstellt wird, nur nicht das ernsthafte Interesse an der Gesundheit der Bevölkerung.

So bezweifelt beispielsweise der sich links gebende Wirtschaftsjournalist Ernst Wolf, dass „den Politikern die Gesundheit von uns allen plötzlich so wichtig, dass sie ihr alles andere unterordnen."[99] Daraus spricht eine Menschenfeindlichkeit, die nicht als eigene wahrgenommen, sondern anderen angelastet wird.

Solche sich antikapitalistisch gebende Kritik ist besonders unter Linken weit verbreitet. Sie ignoriert aber weitgehend die Pandemie als eine weltweite Erscheinung, gegen die nicht nur die deutsche Regierung vorgeht.

Diese national beschränkte Sicht übersieht, dass weltweit die Regierungen bemüht sind, das Infektionsgeschehen einzudämmen. Sie ignoriert, dass die Zahlen dort dramatischer sind, wo Regierungen wie die amerikanische und brasilianische das Infektionsgeschehen verharmlosen wie sie selbst.

Augen zu

Viele sich als links verstehende Kritiker stellen sich zudem nicht dem Widerspruch, dass Regierungen wie die russische oder kubanische, denen die meisten Linken eher wohlwollend gegenüberstehen, ähnliche Maßnahmen ergreifen, für die sie die deutsche verurteilen. Noch größer aber wird der Widerspruch, wenn man das deutsche mit dem wesentlich schärferen Vorgehen der chinesischen Regierung vergleicht.

Diese Widersprüche wollen viele Linke nicht wahr haben oder versuchen, sich ihnen mit nichtssagenden Floskeln über sogenannten unterschiedliche Bedingungen zu entziehen. Diese aber müssen benannt und auch in ihrer Bedeutung für die unterschiedliche Beurteilung erklärt werden, sonst büßt man an Glaubwürdigkeit und Seriosität ein.

Darüber hinaus schwächt man die eigene Argumentationskraft, indem diese Diskussion nicht angenommen wird. Solche Auseinandersetzungen müssen geführt werden, um voran zu kommen im Erkenntnisprozess. Eine Linke ohne Erkenntnis über die Triebkräfte gesellschaftlicher Entwicklungen ist nicht in der Lage, zu überzeugen und Einfluss zu nehmen auf das gesellschaftliche Denken.

---

99 https://kenfm.de/dringend-gebraucht-ein-weiterer-lockdown-von-ernst-wolff/

Allein mit pauschaler Verurteilung irgendwelcher nicht näher definierten Eliten macht man vielleicht Punkte bei moralisch Empörten. Aber deren Zustimmung ist nicht solide, weil emotional getrieben, und von daher leicht manipulierbar. Empörung kann Bewusstsein nicht nachhaltig ersetzen.

Erfolgreiches China

Wenn auch westliche Meinungsmacher in der Regel kein gutes Haar an China lassen, liefern sie dennoch auch immer wieder Berichte, die dem Medienkonsumenten den Unterschied deutlich machen in der Seuchenbekämpfung dort und im Westen. Während in der Welt außerhalb der Volksrepublik täglich neue Höchstwerte erreicht werden, verzeichnet China selbst seit Wochen schon keine oder nur eine geringe Zahl von Neuinfektionen. Dann aber wird konsequent gehandelt.

Als Mitte Oktober in der Millionenstadt Quingdao Corona-Fälle bekannt wurden, hatte man „innerhalb von vier Tagen einen Massentest bei zehn Millionen Menschen durchgeführt. … Getestet wurden auch Menschen aus anderen Städten, die in den letzten Tagen aus Qingdao zurückgekehrt waren."[100] Ähnlich schnell wurde auch in der Uigurenstadt Kashgar gehandelt, wo innerhalb weniger Tage über fünf Millionen Einwohner getestet wurden.

Die Chinesen handeln schnell und effektiv. „Um die Labore zu entlasten, wurden jeweils zehn Tests zu einem zusammengefasst. Jedem Wohnviertel wurde ein Stadion zugeteilt, in dem die Tests durchgeführt wurden. Das Personal … wurde von verschiedenen Behörden, Staatsunternehmen und unter Studenten rekrutiert. Und Nachbarschaftskomitees … informierten die mobilen Testteams, wo alte Leute wohnen, die nicht ins Stadion gehen konnten"[101]. So konnten Infizierte schnell erkannt und behandelt, somit die weitere Ausbreitung der Epidemie wirksam bekämpft werden.

Dagegen verzeichnen die USA „inzwischen mehr als 83.000 Neuinfektionen pro Tag … und etwa 225.000 Todesfälle in Verbindung mit dem Corona-Virus, mehr als jedes andere Land der Welt"[102]. Diese Zahlen haben sich seitdem innerhalb weniger Tage bereits verdoppelt.

---

100 Ärzteblatt vom 15.10.2020: Qingdao: Zehn Millionen Tests, bisher 13 Treffer
101 FAZ vom 27.10.20: Im Zweifel lieber alle fünf Millionen Einwohner testen
102 FAZ vom 26.10.2020: Höchststände bei Neuinfektionen

Obwohl die Infektionswerte in Deutschland gegenüber denen der USA und anderen westlichen Ländern noch gering erscheinen, wirkt die Bekämpfung hierzulande dennoch stümperhaft im Vergleich mit dem chinesischen Vorgehen und dessen Erfolgen.

Täuschende Zahlen

Aber die deutschen Werte verfälschen das Bild des Geschehens. Im Verhältnis zu anderen Staaten sind die Infiziertenzahlen niedrig. Aber niedrig sind auch die Anzahl der Tests, wenn diese auch ausgedehnt wurden von 400.000 pro Woche vom März bis Juni 2020 auf 1,2 Millionen seit Ende August.

Dadurch sind natürlich auch die Fallzahlen angestiegen, was als ein Fortschritt angesehen werden könnte im Aufspüren von Infizierten. Das ist aber so lange ohne Bedeutung, wie die Infektionsketten nicht zurückverfolgt werden können.

Da gerade hapert es im Verhältnis zu China. Die deutsche Corona-App, für die zig Millionen ausgegeben worden waren, erweist sich als weitgehend wirkungslos. Sie findet nicht ausreichende Akzeptanz in der Bevölkerung, um wirksam zu sein. Zudem ist sie nur eingeschränkt einsetzbar und überlässt es allein den Infizierten, ob sie ihren Krankheitsstatus trotz gewährleisteter Anonymität überhaupt an die App weitergeben. Über die europäischen Grenzen hinweg hat sie so gut wie keinen Nutzen, sodass Infizierte unbemerkt zwischen den europäischen Ländern die Infektion verbreiten können.

Da aber „jeder Neuinfizierte weitere Ansteckungen verursachen kann, steigen die Zahlen immer schneller, solange die Ausbreitung nicht effektiv durch umfangreiche Testung und Kontaktverfolgung eingedämmt werden"[103] kann. Offensichtlich ist man sich also des Zusammenhangs bewusst, der zwischen Testen und schneller Rückverfolgung der Kontakte einerseits und der Ausbreitung der Pandemie andererseits besteht.

Massentest statt Lockdown

Schon im Mai 2020 hatte Luxemburg seine Teststrategie geändert. „Mehr Tests sind eine Strategie, um das Virus auf andere Art zu kontrollieren", stellte Luxemburgs Forschungsminister Claude Mersch fest, „so wolle man versuchen, die Infizierten im größeren

---

103 FAZ vom 23.10.2020: Was die aktuellen Zahlen über das
   Infektionsgeschehen sagen

Maßstab gezielt herauszufiltern und der gesunden Mehrheit … ihre Freiheit zurückzugeben."[104]. Denn „etwa die Hälfte der positiv Getesteten zeigte zum Zeitpunkt des Abstrichs keine Symptome.[105]

Statt aber aus den luxemburgischen und chinesischen Erfahrungen zu lernen, wurden die Testvorgänge nicht ausgeweitet, obwohl in den deutschen Laboren die Testkapazitäten vorhanden waren. Sie waren auch im Mai bereits in der Lage „jede Woche knapp 900.000 Tests auszuwerten"[106].

Damals wie heute verfolgt Deutschland die Strategie, nicht wahllos zu testen. „Es müsse vielmehr darum gehen, die verfügbaren Tests sinnvoll einzusetzen"[107]. Da also liegt der Hund begraben. Man verfügt nicht über ausreichende Testkapazitäten: Entweder hat man sich nicht rechtzeitig um genügend Tests gekümmert oder aber am falschen Ort sparen wollen auf Kosten der Gesundheit der Bevölkerung.

Jetzt liegt das Kind im Brunnen, und die Kette der Infektions- und Kontaktverfolgung reißt gerade bei den unerkannt Infizierten ab. Dennoch hält man fest an dem Vorgehen, dass nur „Personen mit Krankheitsanzeichen einen Test machen sollen. Ebenso jene, die direkten Kontakt zu einem Infizierten hatten"[108]. Die symptomfrei Infizierten bleiben dabei unerkannt.

Dieses Vorgehen jedoch befördert gerade die Pandemie, weil letztere damit unerkannt und unbewusst das Virus weiter verbreiten. Beschleunigt wird die Epidemie dadurch, dass es immer länger dauert, bis die Testergebnisse vorliegen.

In der Zwischenzeit haben sich vielleicht Menschen mit später negativen Testergebnissen angesteckt, die aber dann in trügerischer Sicherheit die Infektion weitergeben. Andererseits haben aufgrund der Verzögerungen die unerkannt Positiven noch mehr Zeit, das Virus unwissentlich zu verbreiten.

Inzwischen haben nach China nun auch andere europäische Staaten erkannt, dass das Herumgewerkele die Infektionszahlen nicht senkt. Die Slowakei, Tschechien und neuerdings auch Österreich setzen auf Massentest, weil eine Rückverfolgung des Infektionsgeschehens aussichtslos geworden ist, nicht zuletzt aus Mangel an Personal.

Auch in den deutschen Gesundheitsämtern scheint man das Handtuch geworfen zu haben. Jedenfalls wird die Rückverfolgung

---

104 FAZ vom 2.5.2020: Deutsche Labore könnten doppelt so viele Menschen testen
105 ebenda
106 ebenda
107 ebenda
108 FAZ vom 31.10.2020: Ausgelastet

kaum noch erwähnt. Stattdessen werden weitere Kontaktbeschränkungen verordnet, ohne aber eine Vorstellung über die Infektionswege und damit über den Sinn dieses Vorgehens zu haben. Denn in
Frankreich mit seinen europaweit schärfsten Ausgangs- und
Kontaktbeschränkungen gehen die Infektionszahlen kaum zurück.

Notbehelf als Strategie

Der weiteren Ausdehnung der Tests stehen jedoch nicht strategische
Überlegungen im Wege sondern schlichtweg ein Mangel an Personal, Material und Laboren. Diesen Mangel redet man als Strategie
schön. Schuld an der unzureichenden Ausstattung ist danach nicht
staatliches Versagen sondern „die massiv gestiegene Zahl von
Kontaktuntersuchungen an symptomfreien Menschen".[109] Offensichtlich hat man aus den Versäumnissen zu Beginn der Epidemie
und aus den chinesischen Erfahrungen nichts gelernt.
War Bundesgesundheitsminister Jens Spahn noch Ende Januar fest
von der Harmlosigkeit des Virus und der Überlegenheit des eigenen
westlichen Systems gegenüber dem chinesischen überzeugt, so
stellte man sehr bald die Mängel in der eigenen Strategie fest. Es
fehlte an Masken zum Schutz der Bevölkerung und sonstigen
medizinischen Hilfsmitteln.
Um dieses Versäumnis zu vertuschen, wurden lange Zeit von den
Verantwortlichen Masken als nicht hilfreich, gar schädlich dargestellt. Heute jedoch werden diejenigen belangt, die keine Maske
tragen. Angesichts solcher Widersprüche wundert es nicht, dass viele
Menschen der Regierung und ihren Maßnahmen misstrauen.
Hinzu kommt, dass die dünne Personaldecke in den Gesundheitsämtern wie in der öffentlichen Verwaltung insgesamt eine
Rückverfolgung der Kontakte nur noch zu etwa einem Drittel erfolgreich macht. Das Bundesgesundheitsministerium, verantwortlich für
die Mängel, gibt sich selbst dabei unschuldig, denn „das Robert-
Koch-Institut erfahre in weniger als 30% der Infektionen den
Ursprung der Ansteckung".[110]
Es stellt sich zudem die Frage, ob die Intensivierung der Tests
politisch überhaupt gewollt ist. Immer wieder kommt es zu Strei-
tigkeiten zwischen Bund und Krankenkassen, wer die Kosten
solcher Maßnahmen tragen soll.
Zudem würde mit der Zunahme der Tests auch in Deutschland die
Zahl der Infizierten noch stärker ansteigen. Vielleicht würde man

---

109 FAZ vom 31.10.2020: Ausgelastet
110 FAZ vom 19.10.2020: Der unsichere Patient

dann hierzulande anhand dieser Zahlen bald nicht mehr so viel besser dastehen als die anderen europäischen Staaten, von denen man sich mit einer gewissen Selbstzufriedenheit immer noch abzuheben versucht.

So richtig und wichtig die Reduzierung der Sozialkontakte angesichts der besonderen Umstände sein mag, so falsch ist es, im wesentlichen das Freizeitverhalten der Bürger dafür verantwortlich zu machen. Die meisten Verstöße gegen das Abstandsgebot entstehen nicht bei Feiern im privaten Bereich, schon gar nicht wenn diese Veranstaltungen im Freien stattfinden.

Viel bedeutsamer für die Ausbreitung des Virus dürften die Lebensumstände und Wohnverhältnisse der meisten Menschen sein. Denn in geschlossenen Räumen feiert das Virus Urständ. Darüber aber werden kaum Erhebungen und Studien angestellt.

Zahlen und Erkenntnisse bezüglich der Verantwortung der Wohnverhältnisse für die Ausbreitung von Corona sind ungenügend. Und schon gar scheinen die Regierungen dieses Thema öffentlich nicht diskutieren zu wollen.

Infektionsrisiko Armut

Aber immer wieder muss gerade über die Arbeitsverhältnisse besonders in der Fleischindustrie als Auslöser großen Infektionsgeschehens berichtet werden. So sind auch immer wieder die Unterkünfte von zusammengepferchten osteuropäischen Arbeitern in den deutschen Schlachtereien Ausgangspunkt von Virusausbrüchen.

Das gleiche gilt für Flüchtlingsunterkünfte, wo viele Menschen auf engstem Raum über lange Zeit sich zusammen aufhalten müssen. Hier wirkt die Infektion eines einzelnen wie der Angriff einer Biowaffe.

Nicht viel besser aber sind auch die Wohnverhältnisse vieler Bürger in den Vorstädten der europäischen Metropolen und den Sozialbausiedlungen der industriellen Ballungsgebiete. Bekannt sind die Vorfälle in Göttingen und Berlin-Neukölln, wo ganze Wohnblocks abgeriegelt wurden wegen der hohen Infektionswerte.

Bisher wurden solche Ereignisse in Deutschland nur vereinzelt öffentlich. Aber einen Ausblick auf eine mögliche weitere Entwicklung gerade unter Berücksichtigung der Wohnverhältnisse bietet ein Blick über die Grenzen nach Spanien und Portugal.

In Madrid wurden Ausgangsbeschränkungen über die Wohnviertel von fast einer Million Menschen verhängt. „Es trifft vor allem die ärmeren Viertel im Süden von Madrid, in denen überwiegend

Arbeiter und Einwanderer wohnen. ... Viele Familien leben in beengten und teils prekären Verhältnissen – ein ... Grund für die höhere Anzahl von Infektionen"(14).[111]
Dagegen dürfen sich die Reichen in den wohlhabenden Vierteln Madrids weiterhin frei bewegen. Denn dort sind die Wohnverhältnisse besser und die Fallzahlen wesentlich niedriger. Aber Madrid ist kein Einzelfall; „in Arbeitervierteln um die portugiesische Hauptstadt Lissabon bekommt man eine ähnliche Lage schon seit Juni kaum in den Griff".[112]
Welchen Einfluss die Wohnverhältnisse indirekt auf das Infektionsgeschehen anderer gesellschaftlicher Gruppen und der Gesellschaft insgesamt hat, zeigt auch wieder das Beispiel Madrid. Viele aus den abgeriegelten Vorstädten benutzen die öffentlichen Verkehrsmittel auf ihrem Arbeitsweg ins Zentrum. „Dort verdienen sie als Krankenschwestern, Altenpfleger, Bauarbeiter ihr Geld".[113] Das Virus bleibt also nicht bei den Armen.
Das sind aber nicht die Lebensverhältnisse der meisten Querdenker und der Kids von Fridays for Future. Unter diesen Bedingungen lebt die gesellschaftliche Mehrheit, die sich in den öffentlichen Diskussionen nicht mehr bemerkbar macht. Nicht dass sie zu dumm dazu wären, aber die Themen, mit denen sich das intellektuelle Milieu des Mainstream wie auch des alternativen Mainstream beschäftigt, sind nicht ihre Themen.

Falsche Kritik

Das aber sind die Kritikpunkte, die eine klassenbewusste Linke aufgreifen müsste, wenn sie sich der sogenannten einfachen Bevölkerung verpflichtet fühlt und den Kontakt zu ihr halten bzw. wiederherstellen will.
Statt jedoch diese Verhältnisse zu benennen und die Versäumnisse der deutschen Regierung offenzulegen, ergeht sich die Linke, besonders die idealistisch-moralisierende, in der Verurteilung gerade solcher Maßnahmen, die im Sinne der Epidemie-Bekämpfung hilfreich sind: Abstandsgebot, Maskenpflicht und Reduzierung der sozialen Kontakte.
Wenn auch die Mehrheit der deutschen Gesellschaft nicht begeistert ist von solchen Maßnahmen, so sieht sie dennoch diese Einschränkungen als sinnvollen Beitrag zur Lösung des Problems an und trägt

---

111 FAZ vom 21.9.2020: Lockdown für Arme
112 ebenda
113 ebenda

sie deshalb mit. Dieser Mehrheit ist das idealistisch-moralische Denken solcher Bewegungen wie der Querdenker fremd, die – wie schon der Name sagt – eher intellektuell geprägt sind.

Diese Bewegungen scheinen auch nicht den Anspruch zu haben, Verbündete der sogenannten kleinen oder einfachen Leute zu sein. Sie verstehen sich vielmehr als eine alternative Gemeinschaft von Gebildeten und Eingeweihten, die die geheimen Vorgänge und Absichten der Mächtigen und Eliten hinter den Kulissen zu durchschauen glauben.

Die Lebensverhältnisse der gesellschaftlichen Mehrheit scheint ihnen fremd zu sein. Für sie steht die Verteidigung der eigenen individuellen Freiheiten und Persönlichkeitsrechte im Vordergrund. Das ist nicht zu verurteilen, steht es doch jeder gesellschaftlichen Gruppe zu, ihre eigenen Interessen zu verfolgen und sich für deren Durchsetzung stark zu machen.

Gefährlich wird es, wenn man als Minderheit für die eigenen Interessen höhere Rechte beansprucht. Diese Gefahr besteht sowohl bei FfF als auch bei den Querdenkern. Bei ersteren scheint vielen der Umweltschutz, bei letzteren das Recht auf Meinungs- und Versammlungsfreiheit über dem auf Gesundheit, körperliche Unversehrtheit und Leben der anderen zu stehen.

Aber selbst wer die Pandemie und das Virus nicht wahrhaben will, ist vor beiden nicht sicher. Wie es der Erde egal war, ob die Menschen sie für eine Scheibe oder Kugel hielten, so ist es auch dem Virus egal, ob die Menschen es für eine Realität halten oder nicht. Es befällt auch die Zweifler, denn die Realität setzt sich durch.

No Border – More Corona

Wie der Westen in der Corona-Krise an sich selbst scheitert

03.12.2020 von Andreas Wehr, auf Marx-Engels-Zentrum Berlin

Die Verluste von Menschenleben sind furchterregend. Weltweit starben bereits mehr als 1,2 Millionen Menschen der Corona-Pandemie. Allein in den Ländern der EU und Nordamerikas 500.000. Erschreckend sind auch die wirtschaftlichen Schäden. Millionen Menschen verloren ihre Arbeit bzw. ihre selbständige Existenz. Armut und Not breiten sich aus. Ganz anders die Situation in China und anderen ostasiatischen Staaten: Ihnen gelang es, die Pandemie so gut wie vollständig zu überwinden. Entscheidend dafür war, dass diese Länder die betroffenen Regionen absperrten bzw. frühzeitig ihre Grenzen für Personen schlossen. Die Länder der EU lehnten dies hingegen lange ab, da es der neoliberalen Ideologie der offenen Grenzen widerspricht. Als schließlich doch Grenzen geschlossen wurden, kamen die Maßnahmen zu spät und blieben hinter den Erfordernissen zurück. Der Preis, den die Länder der EU an Menschenleben und wirtschaftlichen Verlusten dafür zu zahlen haben ist hoch.

Wie alles begann

Es soll daran erinnert werden, wie es zu dieser Katastrophe überhaupt kommen konnte. Am 31. Dezember 2019 werden von den Behörden im chinesischen Wuhan der Weltgesundheitsorganisation WHO Fälle von Pneumonien mit unbekannter Ursache gemeldet.
Am 23. Januar 2020 wird von 18 Toten und 634 Infizierten berichtet. Bundesgesundheitsminister Jens Spahn erklärt daraufhin, dass kein „Anlass zur Unruhe oder zu unnötigem Alarmismus bestehe."[114] Nur zwei Tage später waren es schon 41 Todesopfer und knapp 1.300 Infizierte. Um eine rasante Ausbreitung der neuartigen Krankheit zu verhindern, werden 43 Millionen Bewohner von zwölf Städten in der chinesischen Provinz Hubei harten Restriktionen unterworfen.
Es wird der Nah- und Fernverkehr der Bahn gestoppt, die Ausfallstraßen werden gesperrt. Das Tragen von Schutzmasken in der Öffentlichkeit wird angeordnet. Cafés, Kinos und öffentliche Einrichtungen schließen. Am 26. Januar 2020 meldet die US-amerikanische Johns-Hopkins-Universität, dass das Corona-Virus über

---

114 Hintergrund 1/2020, S. 34

den Flugverkehr bereits 12 Staaten erreicht hat. Besonders betroffen sind Thailand, Taiwan, Hongkong und Südkorea.

Einige südostasiatische Staaten reagieren umgehend auf die Gefahr. Noch im Januar 2020 verhängen sie Einreisesperren gegenüber Bürgern der Volksrepublik China. Zugleich verfolgten sie jede einzelne Infektion im Land und isolieren die Angesteckten. Besonders erfolgreich war dabei Taiwan, das seine Bürger bereits Ende Dezember 2019 aufgefordert hatte, die Stadt Wuhan zu verlassen.

Auch Vietnam konnte sich schützen: „Nach dem Ausbruch der Epidemie in Wuhan verzeichnete Vietnam trotz der geographischen Nähe zu China bis Ende Februar lediglich 16 Infektionen. Die Regierung reagierte sehr rasch und konsequent mit der Schließung von Schulen, Kindergärten und Universitäten sowie der Absage von Großveranstaltungen und erhöhten Kontrollen an Grenzen und Flughäfen. Damit konnte (…) ein großflächiger Ausbruch verhindert werden.

Die WHO lobte den vorbildlichen Umgang Vietnams mit dem Virus. 22 Tage lang wurden keine Neuinfektionen registriert, alle 16 Patienten konnten gesund entlassen werden. Anfang März brachte eine aus Europa zurückkehrende Passagierin das Virus nach Vietnam zurück. Wie zu erwarten war, zog dies Neuinfektionen nach sich."[115]

Singapur schloss ebenfalls umgehend seine Grenzen für Reisende aus China und konnte so über mehrere Monate Infektionen fast vollständig verhindern. Als im März neue auftraten, wurden auch keine Reisenden aus Deutschland mehr ins Land gelassen. Die Tagesschau meldete: „Die Bundesrepublik gilt den Asiaten als Risikofall – als einer jener Staaten, die Corona zu lange nicht ernst genommen haben. (…)"[116]

All diese Länder reagierten schnell und entschieden auf die neue Gefahr, denn die Erinnerung an die SARS-Infektionskrankheit, die 2002/03 die Region erfasst hatte, war dort noch sehr präsent.

„Menschliches Gespür" statt Kontrolle und Quarantäne

In Deutschland hingegen wurde die Gefahr lange heruntergespielt und verharmlost. Am 23. Januar 2020 berichtete die *Frankfurter Neue Presse* unter der Überschrift „Flughafen Frankfurt: Corona-virus aus China sorgt für Aufregung – geringes Risiko für Deutsch-

---

115 Entschiedenes Vorgehen in Vietnam, in: Internationale Politik und
    Gesellschaft (IPG) vom 17.03.2020, https://www.ipg-
    journal.de/regionen/global/artikel/globale-zwangsquarantaene-4161/
116 Was Singapur im Corona-Kampf anders macht, in: Tagesschau vom
    16.03.2020

land":

„Die USA hat die erste Coronavirus-Infektion im eigenen Land vermeldet. Und was in den USA landet, könnte auch schon bald nach Deutschland kommen. Oder? Die Aufregung hierzulande ist groß, der Flughafen Frankfurt befindet sich in Alarmbereitschaft. Immerhin: Glaubt man den deutschen Behörden, ist die Lage unter Kontrolle. Die notwendigen Vorkehrungen wurden bereits getroffen. Dabei setzen die Behörden auf das menschliche Gespür der extra dafür ausgebildeten Mitarbeiter an den Flughäfen. Temperatur-messgeräte sollen, anders etwa als in den asiatischen Ländern, den USA und Australien, nicht aufgestellt werden – auch nicht am Flughafen Frankfurt. ‚Das bringt gar nichts. Das haben viele Seuchen der letzten Jahrzehnte gezeigt‘, erklärt René Gottschalk vom Gesundheitsamt Frankfurt.

Wer in Deutschland entsprechende Symptome zeigt, kommt in Quarantäne, um isoliert behandelt zu werden, bis eine Therapie erfolgreich ist. Ohnehin bestehe in Deutschland derzeit nur ein sehr geringes Risiko, versucht das Gesundheitsministerium die Panik einzudämmen. Tatsächlich schätzen Infektionsmediziner und Virologen normale Grippeviren, an denen jährlich weltweit Hundert-tausende sterben, für deutlich gefährlicher ein."[117]

Der zitierte Leiter des für den Flughafen Frankfurt zuständigen Gesundheitsamts, René Gottschalk, ist übrigens bis heute der Ansicht, dass das Corona-Virus nicht gefährlicher sei als die normale saisonale Grippe oder eine Hitzewelle![118]

Anfangs war man auch in Deutschland noch bemüht, einzelnen Infektionsketten nachzugehen – etwa beim bayerischen Autozu-lieferer Webasto Ende Januar in München. Dort hatte eine aus China eingereiste Mitarbeiterin mehrere Personen angesteckt. Die Infizier-

---

117 Frankfurter Neue Presse (FNP) vom
  23.01.2020, https://www.fnp.de/frankfurt/flughafen-frankfurt-hoch-gefahr-durch-coronavirus-deutschland-zr-13475233.html
118 Die Frankfurter Neue Presse (FNP) schrieb am 07.10.2020: „Was
  Gottschalk und Heudorf unversehens und binnen kurzem zu Social-Media-Stars hat werden lassen, sind Schlagzeilen wie ‚Amtsarzt vergleicht Corona mit Grippe und Hitzewellen‘ (Bild), Gesundheitsamt zweifelt an aktueller Corona-Strategie‘ " (RTL), ‚Keine Übersterblichkeit durch Covid-19: Chef von Gesundheitsamt vergleicht Corona mit Grippe und Hitzewellen‘ (Berliner Zeitung). Auch Talkmaster Markus Lanz zitierte in seiner Sendung vom 1. Oktober genauso René Gottschalk, gleichsam als Kronzeugen für eine laut Lanz überzogene Corona-Politik bei Bund und Ländern." https://www.fnp.de/frankfurt/frankfurt-corona-coronavirus-gesundheitsamt-gottschalk-nehmen-covid-19-als-ernste-situation-wahr-90062731.html

ten konnten ausfindig gemacht werden und mussten sich in Quarantäne begeben. Auch kümmerte man sich um deutsche Staatsbürger in der Provinz Hubei. Sie wurden mit Flugzeugen der Bundeswehr ausgeflogen. Auch sie mussten sich einer mehrwöchigen Quarantäne unterziehen.

Zugleich blieben aber die deutschen Grenzen offen. Flugreisende, die aus den ersten Hotspots der Pandemie, aus China, Südkorea und dem Iran kamen, konnten ungehindert ohne jede gesundheitliche Kontrolle einreisen. Verlangt wurde von ihnen lediglich, dass sie sogenannte Aussteigekarten ausfüllten, aber auch nur dann, wenn ein Verdacht auf einen infizierten Mitreisenden bestand. Auf den Karten mussten Name, Sitzplatz und die Adresse des Passagiers in Deutschland angegeben werden. Sollte sich eine infizierte Person in der unmittelbaren Nähe des Reisenden befunden haben, würde der Passagier umgehend davon unterrichtet und ein Test angeordnet werden.

Doch das funktionierte in der Praxis nicht. Die regionalen Gesundheitsämter waren angesichts der Menge an Karten völlig überfordert. Allein am Flughafen Frankfurt fielen davon täglich 6.000 an. Die Ausreisekarten stapeln sich – wie vom Tagesspiegel recherchiert – noch immer ungeordnet in großen Kartons in Abstellräumen der Flughäfen.[119]

Das Prozedere wiederholte sich in der Sommerreisesaison 2020. Die nach Deutschland zurückkehrenden Ferienreisenden wurden verpflichtet, in Aussteigekarten anzugeben, ob sie aus Risikogebieten kommen. So sollte garantiert werden, dass sie sich anschließend in Quarantäne begeben. Da aber weder diese Angaben noch die Einhaltung der Quarantäne kontrolliert wurden, blieb das Verfahren wirkungslos. Ungezählte Infektionen wurden auf diese ins Land eingeschleppt – eine der Ursachen für die Auslösung der zweiten Welle der Pandemie.

Nicht allein nach Deutschland kamen im Februar und März 2020 täglich Reisende aus Ländern mit hohen Infektionszahlen unkontrolliert ins Land. So wurde gemeldet: „London, die am stärksten vom Virus betroffene Region, hat mit Heathrow den größten Flughafen Europas – neben fünf weiteren Flughäfen im Großraum.

Allein aus Wuhan landeten zwischen Januar und März 190.000 Passagiere im Königreich, rechnete die Universität Southampton

---

119 Sind die „Aussteigekarten" am Flughafen nutzlos? in: Der Tagesspiegel vom 12.03.2020 https://www.tagesspiegel.de/wirtschaft/covid-19-vorsorge-beim-fliegen-sind-die-aussteigekarten-am-flughaefen-nutzlos/25634208.html

aus."[120] Und was für London galt, traf auch auf andere große europäische Flughäfen zu.

Erst am 17. März 2020 einigte man sich in der EU auf einen generellen Einreisestopp für alle Nicht-Unionsbürger – da lag die Abriegelung von Wuhan bereits gut zwei Monate zurück. Selbst die USA unter Trump hatten ihre Grenzen noch vor den Europäern geschlossen. Seit seinem ersten Auftreten hatte das Virus zweieinhalb Monate Zeit gehabt, sich ungehindert in Europa und anderen Teilen der Welt zu verbreiten.

Der freie Grenzverkehr ist der EU wichtiger als die Gesundheit ihrer Bürger

Weshalb aber hatten die EU-Länder erst so spät einen Einreisestopp für Nicht-EU Bürger erlassen? Einen wichtigen Hinweis darauf geben die für Großbritannien bereits Jahre zuvor ausgearbeiteten Empfehlungen eines Expertengremiums unter dem Titel „UK Influenza Pandemic Preparedness Strategy 2011."[121] Danach sei das Land aufgrund seiner engen wirtschaftlichen Verbindungen in die ganze Welt außerstande, eine solche Pandemie einzudämmen: „Die für die moderne Welt typische Massenmobilität erlaubt es dem Virus, sich schnell auf dem gesamten Planeten zu verbreiten".

Deshalb sei es „höchstwahrscheinlich unmöglich, das Virus in seinem Entstehungsland oder bei seiner Ankunft in Großbritannien einzugrenzen oder auszurotten". Alle Anstrengungen in diese Richtung „werden sicherlich nur sehr begrenzt oder teilweise wirksam sein und können daher nicht verlässlich eingesetzt werden, um Zeit zu gewinnen".[122]

Schützen könne sich daher nur der Einzelne, indem er sein Verhalten ändere. Dahinter steht die neoliberale Ideologie einer globalisierten, grenzenlosen Welt, in der der freie Fluss von Waren, Dienstleistungen, Kapital und von Personen auf keinen Fall unterbrochen werden darf. Da nationale Grenzen keine Hindernisse mehr für diesen freien Verkehr sein dürfen, bieten sie auch keinen Schutz mehr vor Infektionskrankheiten.[123]

---

120 Johnson hinkte immer hinterher, in: FAZ vom 07.05.2020
121 UK Influenza Pandemic Preparedness Strategy, Department of Health, London 2011 2011 file:///D:/EU/Corona/20200513_UK%20Influenza %20Pandemic%20Preparedness%20Strategy%202011%20dh_131040.pdf
122 UK Influenza Pandemic Preparedness Strategy, a.a.O.
123 Zur Kritik dieser neoliberalen Ideologie vgl. Théo Bourgeron, Warum Boris Johnsons Plan scheiterte, in: Le Monde diplomatique, April 2020, S. 4

Diese Sicht der „UK Influenza Pandemic Preparedness Strategy 2011“ bestimmt das Handeln auch der EU-Länder, gelten in der Union doch die vier „Binnenmarktfreiheiten“ des freien Verkehrs von Waren, Dienstleistungen, Kapital und Personen. „Seit die Corona-Epidemie nach Europa schwappte, hat die EU-Kommission eine klare Linie verfolgt: Einreisesperren im Schengen-Raum sind kein zweckmäßiges Mittel, um die Ausbreitung des Virus zu verhindern. (…) ‚Das Coronavirus ist schon in allen Mitgliedstaaten. Deshalb ist die Schließung von Grenzen nicht notwendigerweise ein zweckmäßiges Mittel, um sicherzustellen, dass wir die Verbreitung des Virus in der EU eindämmen können‘, beteuerte Eric Mamer, der Sprecher Ursula von der Leyens. Die Kommissionspräsidentin hatte am Wochenende in etlichen Gesprächen versucht, Regierungschefs von einseitigen Maßnahmen abzubringen.“[124]

Allein die Tatsache, dass die neue Krankheit zu diesem Zeitpunkt bereits in allen 27 Mitgliedsländern – allerdings oft nur in Einzelfällen – registriert worden war, wurde als Begründung dafür genommen, auf jegliche Kontrollen zu verzichten. Sogar die Abweisung kranker Personen an der Grenze sollte nach der EU-Kommission nicht möglich sein: „Sie hält auch an ihrer Empfehlung fest, dass Personen, die eindeutig krank sind, nicht pauschal an der Grenze abgewiesen werden sollen. Stattdessen sollten sie schnell getestet und isoliert werden, egal auf welcher Seite der Grenze.“[125]

Zum Ärger der Kommission hielten sich aber immer weniger EU-Mitgliedsländer an diese Weisungen. Bis zum 16. März 2020 hatten bereits acht Staaten sowie die zum EU-Schengen Raum gehörende Schweiz und Norwegen die Personenfreizügigkeit eingeschränkt. Auch das deutsche Bundesinnenministerium gab an diesem Tag bekannt, dass zur Eindämmung des Coronavirus ab sofort die Bundespolizei an den Grenzen zur Schweiz, zu Österreich, Frankreich, Luxemburg und Dänemark kontrolliere und Ausländer ohne triftigen Grund nicht mehr nach Deutschland einreisen dürfen.

Noch weiter ging Polen, das von ausnahmslos allen Einreisenden verlangte, dass sie sich für 14 Tage in Quarantäne begeben – so wie es in China und anderen südostasiatischen Staaten üblich ist. Auch Kroatien führte diese Praxis ein. Slowenien untersagte die Einreise für Lastwagen über 3,5 Tonnen, solange nicht die Ladung aus Medikamenten, Hilfsgütern oder Post bestand, auf diese Weise sollte der tägliche Strom von Lastwagen durch das Land reduziert werden.

---

124 Vollendete Tatsachen. Von der Leyen und die Grenzkontrollen, in: FAZ vom 17.03.2020
125 Vollendete Tatsachen, a.a.O.

Ungarn schrieb den Spediteuren genau festgelegte Transitrouten vor. Das wichtige Transitland Serbien schloss 44 Grenzübergänge.

Vor allem die polnischen Maßnahmen riefen den Unmut der EU-Kommission hervor, führten sie doch zu massiven Einschränkungen des innereuropäischen Personen- und Warenverkehrs: „Am Mittwoch (dem 18.03.20., A.W.) wuchs die Schlange aus Pkw und Lkw an der deutsch-polnischen Grenze bei Görlitz laut Agenturangaben auf 60 Kilometer an. Autofahrer steckten bis zu 18 Stunden fest. Nach Angaben der sächsischen Regierung wurden Soldaten eingesetzt, um Menschen mit Lebensmitteln, Getränken und Decken zu versorgen."[126]

Die EU reagierte empört und verlangte ein sofortiges Ende der Maßnahmen. Um den öffentlichen Druck auf die widerspenstigen Länder zu erhöhen, zog man alle Register der Demagogie. Plötzlich waren es vor allem wichtige medizinische Güter, die durch die Grenzkontrollen nicht mehr rechtzeitig ans Ziel kamen. So erklärte Kommissionspräsidentin Ursula von der Leyen: „Wir müssen sicherstellen, dass Medikamente, Schutzkleidung und andere medizinische Güter zügig an Krankenhäuser, Arztpraxen und Pflegeheime ausgeliefert werden."[127]

Tatsächlich ging es aber um die Aufrechterhaltung der grenzüberschreitenden just-in-time Produktion um jeden Preis. Dies erklärte denn auch EU-Verkehrskommissarin Adina Vălean ganz freimütig: „Wir haben gar keine Wahl, wenn der Binnenmarkt nicht zusammenbrechen soll. Die Produktion ist so verzahnt in der EU, dass ein Bauteil, eine spezielle Schraube, die nicht ankommt, alles lahmlegen kann. Deshalb können wir auch nicht zwischen wichtigen und unwichtigen Produkten unterscheiden.

Zudem gibt es einen Domino-Effekt, wenn ein Staat mit der Abfertigung nicht hinterherkommt. Das haben wir am Wochenende gesehen, als erst Serbien, dann Kroatien, dann Slowenien und schließlich Italien die Grenzen schloss und sich die Lastwagen immer weiter zurückstauten."[128] Mit anderen Worten: Die uneingeschränkte Aufrechterhaltung des EU-Binnenmarktes zählte mehr als die Gesundheit der EU-Bürger.

Alternativen zum personenintensiven Lastkraftwagenverkehr wurden nicht in Erwägung gezogen. Als während der bereits im Februar/März 2020 in Norditalien wütenden Pandemie die Deutsche

---

126 18 Stunden Stau an der Grenze, in: FAZ vom 19.03.2020

127 EU: Höchstens 15 Minuten an der Grenze, in: FAZ vom 24.03.2020

128 „Staus müssen die Ausnahme sein." Die rumänische Verkehrskommissarin im Gespräch, in: FAZ vom 25.03.2020

Bahn anbot, den Güteraustausch zwischen Deutschland und dieser Region weitgehend auf die Schiene zu verlagern, ging man nicht darauf ein.

Beim verbliebenen Straßentransport hätte man an den jeweiligen Grenzen Fahrerwechsel stattfinden lassen können. All das hätte den Warenaustausch zwar umständlicher und langsamer gemacht, doch diese Mehrkosten hätten nur einen Bruchteil des ökonomischen und menschlichen Schadens ausgemacht, der jetzt zu beklagen ist.

So blieb den unbotmäßigen Staaten am Ende nichts anderes übrig, als dem Druck der EU-Kommission nachzugeben und ihre Grenzen für den vollkommen ungehinderten Personenverkehr wieder frei zu geben. Der Preis, den vor allem die Länder Ostmitteleuropas dafür zu zahlen haben, ist hoch. Waren sie anfangs noch relativ glimpflich davongekommen, so werden sie nun von der zweiten Welle voll erfasst.[129] Es ist daher kein Zufall, dass die Tschechische Republik gegenwärtig zu den in der EU von COVID-19 am härtesten getroffenen Ländern gehört.

No Border bedeutet mehr Corona

„Das Virus kennt keine Grenzen", lautet ein wieder und wieder gegen Grenzkontrollen vorgebrachtes Argument. Diese Parole ist so eingängig wie falsch, denn das Virus SARS Cov2 verbreitet sich fast ausschließlich über die Atemluft infizierter Menschen. Auf Gegenständen kann es hingegen nur kurze Zeit überleben. Es unterscheidet sich daher von den Vogelgrippeviren und den Zika-Viren, die durch Vögel bzw. Stechmücken übertragen werden. SARS Cov2 benötigt zu seiner Verbreitung Menschen, und deren Mobilität können Grenzen sehr wohl Einhalt gebieten.

Nun heißt es, die deutschen Grenzen ließen sich nicht schützen. Bereits in der Flüchtlingskrise 2015 hatte Bundeskanzlerin Merkel behauptet, dass man sie nicht schließen könne, es sei denn man baue

---

129 Von der ersten Pandemiewelle waren die ostmitteleuropäischen EU-Länder kaum betroffen. So zählten Kroatien, Österreich und Tschechien in März/April 2020 zusammen nicht einmal so viele Corona-Tote wie allein Bayern. Als Gründe dafür wurden genannt: „Die Länder Mittelost- und Südosteuropas sind im Schnitt viel weniger in internationale Geschäftsreisen und Tourismus integriert als Westeuropa, weshalb sich das Virus am Anfang viel langsamer verbreitet hat." Und: „Weil aber das Virus später angekommen sei, hätten die Länder frühzeitig reagieren können. Die meisten haben schnell ihre Grenzen geschlossen." in: Hat Osteuropa ein Rezept gegen Corona?, FAZ vom 25.04.2020

einen Zaun. Bereits damals hatten ihr Sicherheitsexperten der Bundespolizei widersprochen. Dass ein Land sehr wohl seine Grenzen wirkungsvoll überwachen kann, zeigt China. Mit 22.133 Kilometer Gesamtlänge hat das Land sogar die längste Landgrenze aller Staaten, und die zieht sich in großen Teilen auch noch durch schwer zu kontrollierende riesige Wüsten- und Dschungelgebiete.

Die Schließung der Grenzen stellt für die ostasiatischen Staaten die wirksamste Antwort auf die Herausforderung durch das Virus dar. Hinzu kommt ein konsequent befolgtes Hygienekonzept, das die Nutzung aller heute technisch möglichen Formen der elektronischen Nachverfolgbarkeit von Infektionen umfasst. In den Gesellschaften des Westens, die sich so viel einbilden auf das Hochhalten der persönlichen Freiheit selbst in Situationen der existenziellen Not, ist das alles gar nicht oder nur sehr schwer durchsetzbar. Hier rebellieren Esoteriker, Impfgegner und Verschwörungsphantasten zusammen mit Rechtsradikalen selbst gegen das harmlose Gebot des Tragens einer Mund-Nasen-Maske in der Öffentlichkeit.

Es ist der grenzenlose Narzissmus, der in den liberalen westlichen Gesellschaften tief verwurzelt ist, der sie jetzt daran hindert, konsequent gegen die Pandemie vorzugehen. Der Preis, den sie dafür zu zahlen haben, ist hoch!

Die Mentalitäten von „Corona-Skeptikern"

08/01/2021 von Meinhard Creydt[130]

Der Artikel beschreibt Meinungen der Corona-Skeptiker und -leugner sowie ihr Engagement. Er entwickelt Argumente für eine Antwort auf die Frage, welche problematischen Mentalitäten erklären können, warum Corona-Skeptiker und -leugner ihren angesichts einer Pandemie brandgefährlichen Auffassungen und Verhaltensweisen anhängen.

Buntes Treiben

In Bezug auf die Demonstrationen von Corona-Skeptikern steht in der letzten Zeit oft im Vordergrund, dass in Berlin am 29.8.2020 ein paar tausend Rechtsradikale mitliefen und dies von den anderen Teilnehmern sowie den Veranstaltern toleriert wurde. Fernsehreporter sprachen Teilnehmer darauf an. Die Antwort lautete häufig: „Dies ist eine b u n t e Demo". Verbunden war dieses Statement mit einem Bekenntnis zur Inklusion: „Ausschließen tun w i r niemand".
Auf der letzten großen Berliner Demonstration trugen zudem Teilnehmer T-Shirts, auf denen ein Davidstern mit der Aufschrift „Ungeimpft" zu sehen ist. Ein Schild hatte die Aufschrift „Verbrecher Hitler ließ Deutschland untergehen. Merkel lässt Deutschland untergehen." Das Thema dieses Artikels sind die Mentalitäten der überwiegenden Mehrheit der Teilnehmer, die weder Nazis sind noch die staatliche Politik gegenüber Corona mit Hitlers Politik vergleichen.

Verwirrtheit

Sprechen wir nicht davon, dass eine Rednerin, die wahrsagte, Trump sei in Berlin und die Demonstranten müssten ihm ein „Zeichen geben" und deshalb zum Reichstag ziehen, auf der Demonstration am 29.8. nicht ausgelacht wurde, sondern Gehör fand.
Das eigentlich Besorgniserregende finden wir in Statements von Demonstranten, die am Abend des Demonstrationstags in der Berliner „Abendschau" und der Tagesschau zu sehen waren. Sie lauteten: „Viren gibt's immer, Viren sind in jedem Körper. Menschen haben ein Immunsystem!" „Da war die erste Welle im April und nun kommen noch weitere Wellen – da kann m i r doch k e i n e r was

---

130 http://www.meinhard-creydt.de/

erzählen! Da ist doch etwas faul."

Wer sich mit Naturwissenschaft beschäftigt hat, weiß, dass sich Studienergebnisse leicht missverstehen lassen, wenn man sich nicht wirklich auskennt. Das ficht Corona-Skeptiker nicht an. Einerseits könnte das Motto von Corona-Skeptikern lauten: „Ich habe keine Ahnung, aber das ist mich egal" (Verona Feldbusch). Andererseits haben sie ein anspruchsvolles Selbstbild, das ihnen die Attitüde des Durchblicks nahelegt.

Sie schnappen irgendeinen Informationsbrocken oder ein Detail aus einer Studie auf, kennen die Kontexte nicht und fangen an, munter herumzuspekulieren. Sie wollen nicht wahrhaben, dass sie nicht durchblicken und spielen Hobby-Virologe und Hobby-Epidemiologe. Das do-it-yourself-Herumgestöpsele mit unverstandenen Versatzstücken ist bei Corona-Skeptikern beliebt.

Die Abhängigkeit von Expertenwissen, die sie sonst akzeptieren, wollen sie bei Corona magisch verschwinden lassen. Zudem pfuscht den Corona-Skeptikern ein Interesse kräftig in ihr Bewusstsein: Wie der Vogel Strauß stecken sie den Kopf in den Sand und meinen so, Gefahren ausblenden zu können. Alles halb so schlimm mit Corona – dieser Wunsch ist Vater und Mutter der Gedanken von „Corona-Skeptikern".

Bei Corona-Skeptikern ist die Unfähigkeit weit verbreitet, die eigene Inkompetenz wahrnehmen zu wollen. Dass in den allermeisten Ländern die anerkannten Virologen und Epidemiologen von der Gefährlichkeit des Virus überzeugt sind und mittlerweile ähnliche Maßnahmen vorschlagen, macht Corona-Skeptiker nicht stutzig.

Die Corona-Demonstranten wollen nichts davon wissen, worauf ihre „Skepsis" praktisch hinausläuft – auf die billigende Inkaufnahme und Förderung von viel Leid durch Verweigerung von Vorsichtsmaßnahmen. Corona-Skeptiker zeigen sich auch immun gegen Berichte über die gravierenden Folgen nach überstandener Erkrankung.[131]

Viele corona-skeptische Kommentaren ähneln dem Auftreten von Advokaten vor Gericht. Sie ziehen alles heran und bringen alles vor, was dem Gegner schaden könnte – egal, ob es einen inneren Zusammenhang hat. Ein eigenes folgerichtiges Bild der Lage meinen sie nicht aufbieten zu müssen.

Selbstbild

Corona-Skeptiker unterscheiden sich von Leuten (Kulturschaffende,

---

131 vgl. dazu https://www.tagesschau.de/ausland/ischgl-klage-coronavirus-101.html

Tourismusbranche u. a.), die die Kompensation der ökonomischen Nachteile fordern, welche sie infolge der Schutzmaßnahmen gegen die Pandemie erleiden. Um für seine Interessen einzutreten muss niemand Coronaskeptiker oder -leugner sein.

Manche coronaskeptische Netzseiten zeigen ein Paralleluniversum, das erfüllt ist von Verächtlichkeit, dem selbstzufriedenen Überlegenheits-Getue gegenüber anerkannter Expertise und der Abwehrhaltung, die Pandemie nicht an sich herankommen lassen zu wollen.

Auf einer Netzseite wird die Berliner Gesundheitssenatorin als „SPD-Extremistin" (1. 10.) und Karl Lauterbach als „erfahrener Fake-new-Superspreader" bezeichnet (26.9.).

Eine Überschrift lautet im Trump-Jargon: „Christian Drosten: schon immer eitle fake news" (21.6.). Auch ist die Rede von „Reisewarnungen aller Art, mit denen die Staaten jeweils ihre BürgerInnen belästigen" (25.9.). Dieser Blogger hat bislang 35 (!) Artikel veröffentlicht über seine Bemühungen, die Dissertation von Drosten zu erhalten, und über seine Mutmaßungen zu ihr, ohne die Inhalte von Drostens Text vorzustellen und inhaltlich sachlich zu diskutieren. Dazu fehlt dem Blogger die Qualifikation.

Er verfällt in ein abwertendes und aggressives Verlachen. Das Vorbild sind billige Comedysendungen. Sie bestärken Unbedarfte darin, sich mit Witzelsucht über das zu erheben, was ihren Horizont übersteigt. Der Blogger bezeichnet Drostens Podcasts als „Poetry-Slam" (16.9.) und Karl Lauterbach als „Klabauterlach" (26.9.). Da merkt jemand in seinem Drang, andere lächerlich machen zu wollen, gar nicht mehr, was er selbst dabei für eine Figur abgibt.

„Während viele sogenannte Viren-Skeptiker sich wahrscheinlich in der revolutionären Tradition eines Wilhelm Tell sehen, ähnelt ihr vehementes ,Dagegen' viel eher einer anderen, berühmten literarischen Figur: dem Suppenkaspar. Mit seiner absoluten Weigerungshaltung – pardon: Obrigkeitskritik – bezahlt der Kasper am Ende den ultimativen Preis".[132]

Ein Misstrauen gegenüber Politikern, die bislang nicht für eine gute Gesundheitspolitik standen, ist berechtigt. Daraus lässt sich jedoch keinesfalls schließen, dass sie im Fall einer weltweiten Seuche wie Corona aber auch rein gar nichts richtig machen können. Die Bundesregierung unter Gerhard Schröder hat mit Hartz-IV einen massiven Abbau des Sozialstaats praktiziert. Trotzdem war die Weigerung begrüßenswert, sich nicht aktiv am Krieg gegen den Irak zu beteiligen.

---

132 Jasamin Ulfat-Seddiqzai am 2.6.2020 im Deutschlandfunk Kultur

Corona-Skeptiker spielen gern Hobby-Detektiv. Sie suchen nach Anzeichen, um am Wissen der weltweit anerkannten Experten in Sachen Corona-Virus und an den Maßnahmen zum Schutz vor ihm irgend etwas „faul" zu finden. Am 1. 10. schreibt der genannte Blogger: „Hochstapler oder genialer Kommunikator? ... Bundespräsident Steinmeier hat C. Drosten ein zweites Bundesverdienst-kreuz überreicht.

Mal sehen, wie lange er es tragen darf. Schließlich spricht vieles dafür, daß er seinen Doktortitel zu Unrecht trägt."Jeder noch so abwegige Verdacht ist ihnen recht, um ihrem Anspruch nachzukommen, bloß nicht „unkritisch" zu sein. Bereits Krimileser wissen jedoch, dass es am Anfang einer „Ermittlung" von Verdächtigungen nur so wimmelt. „Der Anfänger kennt viele Möglichkeiten, der Meister wenige" (Suzuki). Corona-Skeptiker belassen es bei der A t t i t ü d e des „Hinterfragens". Kritik missrät bei ihnen zur Pose und zum „als ob".

Souveränitätssimulation

Wer in den öffentlichen Verkehrsmitteln fährt, hat die Gelegenheit für ein einfaches Experiment. Sie oder er kann freundlich, als ginge es um die weltoffene Aufgeschlossenheit gegenüber einer ebenso noch unbekannten wie vielleicht interessanten neuen Kulturfacette, sich erkundigen, warum jemand die Maske z. B. ums Kinn bindet und nicht über Mund und Nase zieht. Eine der beliebtesten Antworten lautet: „Ich kann doch machen, was ich will." Vorgeführt wird damit zweierlei: Der Stolz auf den eigenen Trotz gegen Vorgaben sowie eine Selbsttäuschung.

Auf einem Plakat bei der Demonstration war zu lesen: „Gehorsamszeichen wie Hitlergruß, Genossengruß und Alltagsmasken gehören verboten!!!" Wer so etwas meint, verkennt, dass der Gehorsam hier und heute ohne solche „Zeichen" funktioniert. Es handelt sich bei den Demonstrationsteilnehmern um Leute, die sonst keineswegs protestieren angesichts der Zwänge, denen sie unterliegen.

Viele sind lohnabhängig oder als kleine Selbständige abhängig von Bankkrediten und Auftraggebern. Viele sehen die kapitalistische Marktwirtschaft und die Kapital-Akkumulation bei aller Manöverkritik im Einzelnen im Großen und Ganzen als „alternativlos" an.

Sie akzeptieren das Privateigentum an Wohnungen und finden nichts dabei, die Miete und die Steuern zu zahlen. Nur bei Corona wollen sonst fügsame und „verständige" Untertanen auf einmal sich und anderen beweisen, dass sie „mit sich nicht alles machen lassen". Auf

der Demo am 29.8. sind einige ältere Männer zu sehen mit weißen T-Shirts und dem Slogan: „Ich habe meine Eier wiedergefunden."
Vielen geht es offenbar mehr um Symbolpolitik und Souveränitätssimulation als um eine sachgerechte Einschätzung der Lage. „Die medizinisch-soziale Maßnahme wird in eine symbolisch-politische umgedeutet"[133]. Corona bildet den Anlass für Leute, die es sich schuld sind, sich selbst und anderen einmal zu demonstrieren, wie eigenständig sie seien. Wer daran Gefallen findet, offenbart zugleich die Meinung, seine oder ihre Autonomie bestehe darin, … eine Mund-Nasen-Maske n i c h t aufzuziehen.
Das Missverhältnis zwischen dem Engagement für die große Freiheit und der kleinen Maske fällt Corona-Demonstranten nicht auf. Vielmehr lautete – in Anlehnung an Ronald Reagans Parole „Tear down this wall" in seiner Rede am 2.6.1987 vor dem Brandenburger Tor – eine Parole am 29.8.: „Tear down the masks!"
Manche Anarcholiberale, die in solchem Handeln unbedingt hoffnungsfroh eine zart aufkeimende Staatsfeindschaft sehen w o l l e n, ignorieren beflissen, gegen wen sich dieses Verhalten richtet. Wer in den öffentlichen Verkehrsmitteln keine Maske trägt oder die Abstandsregel nicht beachtet, schadet nicht „denen da oben", sondern ist rücksichtslos gegenüber seinesgleichen.

Egozentrik

Die Motivlage für dieses Verhalten ist gemischt. Andere Menschen gelten Egoisten als Mittel für ihre Interessen. Egozentriker ignorieren nicht die Bedürfnisse anderer Menschen, sie nehmen sie erst gar nicht wahr. Um Protest handelt es sich dabei nicht, sondern um ein Handeln von Personen, die bereits die Existenz anderer Mitmenschen als Einschränkung ihrer eigenen Willkür erachten. „Meine persönliche Freiheit – eigentlich nur: meine Nicht-Beeinträchtigung – wiegt schwerer als Ideen von Mitmenschlichkeit oder, altmodisch gesagt: Gesellschaft".[134]
Manche halten es für rebellisch, sich dergestalt nicht „an die Regeln zu halten", dass sie mitten in der Nacht im Mietshaus die Stereoanlage aufdrehen, auf Straßen private Autorennen veranstalten oder das Tempolimit auf Straßen für einen unverbindlichen Vorschlag halten.
In den USA gilt die Befugnis, eine Waffe tragen zu dürfen, vielen als d i e Freiheit, die ihnen wichtiger ist als vieles andere. Das

---

133 Georg Seeßlen, Neues Deutschland 22.8.2020
134 Georg Seeßlen, Neues Deutschland 22.8.2020

ausgestellte Freiheitsverständnis ähnelt einem Vulgär-Existenzialismus. Für ihn „ist nicht so entscheidend, w a s ich wähle, als vielmehr dass i c h es bin, der wählt". Das gleicht einer „Art pubertärer Ethik"[135].

Allgemein geltende Regeln und Einschränkungen erscheinen solchen Personen nicht wegen ihres bestimmten Inhalts als kritikwürdig. Schon deshalb, weil etwas allgemein gelten soll, werden manche allergisch gegen das, was sie als Missachtung ihre Einzigartigkeit ansehen.

Sie meinen, sich selbst für diese Allergie ein Attest ausstellen zu können: Ich bin aus ganz persönlichem Grund befreit von der Rücksicht auf allgemein geltende Imperative. Zugleich verzichten solche vermeintlichen Exzentriker keineswegs auf die Vorteile, die ihnen die Existenz in der Gesellschaft bietet. Auf sich gestellte Einsiedler wollen sie jedenfalls nicht sein.

Manche, die ebenso vage wie fundamental oppositionell zur Gesellschaft und zum Staat eingestellt sind, legen sich gern jede Kontroverse, die Bürger mit staatlichen Stellen haben, zu einem Anlass für ihre Hoffnungen zurecht. Folgerichtig haben derlei selbsternannte Oppositionelle eine gewisse Sympathie für die Corona-Demonstranten. Die problematischen Mentalitäten, die in solchen Demonstrationen ihren kollektiven Ausdruck finden, spielen in dieser Sympathie keine Rolle. Hauptsache Nonkonformismus.

Es ist egal, wogegen Leute kämpfen, Hauptsache Kampf! Seltsam, dass dieser Einfall bei Corona-Skeptikern Anwendung findet und nicht schon lange Sympathie motiviert hat für Reichsbürger, Kriminelle und für diejenigen, die ihre Kinder zur Renitenz gegen alle Regeln der hiesigen Gesellschaft erziehen. Auch bei diesen Gruppen ist „Autonomie in bloßen Trotz umgeschlagen" und zu einem „asozialen Anschein von Freiheit geworden"[136].

Das Kramen in missverstandenen Details

Kai Paulsen stellt zu Recht fest: „Viele „Corona-Skeptiker" fordern von Experten, sie müssten 100%ige Treffergenauigkeit garantieren können. Diese Erwartung ist bei epidemiologischen Voraussagen zu einem neuen Phänomen wie Corona sachfremd. Es gibt beim gegenwärtigen Stand Unterschiede zwischen Experten. Viele „Corona-Skeptiker" machen nun aus diesen Differenzen in den Expertisen Gegensätze, aus Gegensätzen Widersprüche und aus Widersprüchen

---

135 Terry Eagleton: Die Illusionen der Postmoderne. Stuttgart 1997, S. 114
136 Günter Anders: Über Heidegger. München 2001, S. 93

Skandale. Schließlich stilisieren sie dies als Beleg für die von vornherein unterstellte Inkompetenz, böse/geheime Absichten, diktatorische Tendenzen etc. pp." [137].

Das gleiche Vorgehen findet sich bei Leugnern des Klimawandels und bei Leuten, die „querdenken" zum „Dritten Reich". Hier wird die Detailkrämerei zum Advokatentrick: Das 1958 in Wiesbaden auf Deutsch erschienene Buch „Die Lüge des Odysseus" von Paul Rassinier, einem französischen Geschichtsrevisionisten, formuliert Vorbehalte gegen „die damals vorliegenden KZ-Erinnerungen und Darstellungen des KZ-Systems. … Einem nach Buchenwald deportierten Pater rechnet er (Rassinier – Verf.) vor, dass in den Viehwagen, mit denen die französischen Häftlingen von Compiègne nach Buchenwald" transportiert worden sind, „nicht 125, sondern höchstens 103 Personen hineingepfercht wurden. Bei der Beschreibung der KZ-Verpflegung hatte der Pater offensichtlich Kaffee-Ersatz und Wursträdchen vergessen, was Rassinier ihm übel ankreidet. Ein anderer deportierter Geistlicher erwähnte den Blockältesten von Block 48 in Buchenwald, der bis 1933 kommunistischer Reichstagsabgeordneter gewesen sei; der Lehrer Rassinier korrigiert den Autor: Er war der S o h n eines kommunistischen Abgeordneten. Kurzum, nicht einmal in Kleinigkeiten ist auf die Berichterstattung Verlass. Wie weit mag es dann mit ihrer Glaubwürdigkeit her sein, wenn sie eine Interpretation der Lagerverhältnisse versuchen" [138].

Genau diese Sorte Fehlschluss ist auch bei Corona-Skeptikern sehr beliebt. Bei manchen handelt es sich um einen Advokatentrick. Manche ahnen, wie wenig sie die Zusammenhänge erkennen und ziehen sich auf Details zurück. Hier wollen sie wenigstens an einem Punkt sich sicher sein können. Beflissen blenden sie die Frage aus, was sich durch das Detail an der Gesamtlage ändern würde.

„Rationaler Diskurs"

Corona-Skeptiker verweigern hartnäckig, die geduldig und sachkundig vorgetragene Auseinandersetzung mit ihren Vermutungen und Spekulationen zur Kenntnis zu nehmen. Sie halten es mit „Lucy" („Peanuts"): „Reden macht mir schon Spaß, aber Zuhören ist nicht so mein Ding." Zum Buch von Bhakdi und Reiß (Corona Fehlalarm?) heißt es bspw. im Deutschlandfunk Kultur (8.8.2020), die Autoren eröffneten „eine ideale Projektionsfläche für alle üblen Gründe – von flächendeckender Unfähigkeit über bösen Willen bis

---

137 Kai Paulsen: Die Methoden von Corona-Skeptikern
138 Lothar Baier: Französische Zustände. Frankfurt M. 1982, S. 95f.

zu einer weltweiten Verschwörung. Ein Buch, das nüchterne Fakten verspricht, aber viel Polemik liefert.[139]

"An vielen Stellen bleibe die genaue Position der Autoren offen – „außer, dass sie dagegen sind. Die prägenden Stilmittel dieses Buchs sind das Geraune, die rhetorische Frage, die Unterstellung und die Andeutung.[140]" Die Autoren legen Maßstäbe an die Maßnahmen gegen Corona, die im Frühjahr 2020 eingeleitet wurden, an, die jeden raschen und entschiedenen Feuerwehreinsatz unmöglich machen würden.

„Der Zürcher Tages-Anzeiger überprüfte am 7.September fünf Hauptaussagen des Buches auf ihren Wahrheitsgehalt und kam zu dem Ergebnis, dass sie nicht haltbar seien. Das Buch sei in einem ‚polemischen, anklagenden Grundton verfasst'. Das Autorenpaar zitiere nur einzelne Studien, die „grösstenteils aus den Anfangszeiten der Pandemie" stammten, zum Teil auch verkürzt oder falsch. Wichtige wissenschaftliche Arbeiten zu den gleichen Themen würden unerwähnt bleiben"[141]. Vergleiche auch.[142] Einen Faktencheck zu diesem Buch gibt es auch in der Süddeutschen Zeitung[143] und unter[144].

Bisweilen ist zu lesen, man solle gegen die Corona-Skeptiker nicht die „Nazikeule schwingen", sondern mit ihnen den rationalen Diskurs suchen. Den rationalen Diskurs „s u c h e n" muss niemand. Die Widerlegungen der Denkfehler und des (häufig gewollten) Missverstehens von Fakten findet sich seit langem im Netz.

Zweitens handelt es sich bei „Entweder Nazikeule o d e r rationaler Diskurs" um eine falsche Alternative: Demonstranten gegen die Corona-Politik folgen nicht nur dem „unsolidarischen Grundgedanken: Ich lasse mich in meiner Freiheit nicht wegen Gefahren für Leib und Leben anderer einschränken. ... . Das wird so nicht explizit artikuliert, aber faktisch zelebriert"[145].

Bei Corona-Skeptikern sind Irrationalismus, magisches Denken, Verschwörungsideologeme und regressive Stimmungen weit verbreitet. Wo bei solchen Voraussetzungen ein „rationaler Diskurs" ansetzen soll, verraten uns diejenigen nicht, die es bei der wohlfeilen Sonntagsrede „Kinder, sprecht doch miteinander!" belassen. Sie

---

139 Deutschlandfunk Kultur vom 8.8.2020
140 Deutschlandfunk Kultur vom 8.8.2020
141 https://de.wikipedia.org/wiki/Corona_Fehlalarm%3F
142 Vgl. auch: https://correctiv.org/faktencheck/2020/06/19/impfung-gegen-
    covid-19-sinnlos-sucharit-bhakdi-stellt-unbelegte-behauptungen-auf
143 Corona Fehlalarm": Faktencheck zu Bhakdi/Reiß in der SZ
144 https://www.gwup.org/coronavirus/mythen-a-z
145 Peter Ullrich: Der Tagesspiegel, 29.8.2020

zeigen sich oft erhaben darüber zu realisieren, mit was für Mentalitäten Corona-Skeptiker aufwarten. Dass es sich bei letzteren mehrheitlich nicht um Nazis handelt, bietet nur einen schwachen Trost.

Um harmlose Wirrköpfe handelt es sich bei den Corona-Skeptikern nicht. Sie schlagen nichts vor zur Verringerung von Infektionen und greifen alle Maßnahmen zur Seuchenabwehr an. Sie streuen Falschmeldungen sowie Fehlinterpretationen und verbreiten Verdächtigungen und Fehlschlüsse. Sie schwächen die Akzeptanz für die dringend gebotenen Regeln. Corona-Skeptiker tragen dazu bei, die Gesundheit vieler Menschen zu gefährden.

4.2.2021 Rüdiger Rauls auf politische analyse

Die Corona-Krise verschärft die Diskussionen um sogenannte Verschwörungstheorien. Die Zahl der Anhänger wie Mahner wächst. Aber nicht die Existenz solcher Theorien ist neu sondern die Wucht ihres Einflusses auf die Gesellschaft.

Meinungsbildung

Verschwörungstheorien waren seit jeher wesentlicher Bestandteil des Stammtischs. Rechthaber, Selbstdarsteller und Besserwisser überboten sich in den wildesten Theorien über die Hintergründe gesellschaftlicher und politischer Ereignisse. Fast jeder gab vor, tiefere Einblicke zu haben in die Geschehnisse, oftmals gar aus erster Hand. Jeder hat eine Meinung zu allem oder glaubt, eine haben zu müssen, auch wenn er vom Thema wenig weiß und noch weniger versteht.

Es handelt sich also bei den sogenannten Verschwörungstheorien keineswegs um neue Erscheinungen, wie die Meinungsmacher der Bevölkerung weismachen wollen. Neu ist vielmehr, dass sich immer mehr Menschen von den offiziellen Darstellungen gesellschaftlicher und politischer Ereignisse abwenden. Neu ist auch, dass eine wachsende Zahl von Bürgern sich eigene Erklärungen schafft zu gesellschaftlichen Vorgängen, auf die sie sich keinen Reim mehr machen können.

Um diese Theorien herum bilden sich Gemeinschaften, in denen Einvernehmen herrscht über die Inhalte dieser Deutungen. Damit entfernt sich ein großer Teil der gesellschaftlichen Meinungsbildung von den Parteien, die bisher den Ort dafür darstellten. Meinungsbildung sucht sich andere Nährböden. Dabei sind die sogenannten Verschwörungstheorien nicht Ausdruck politischer Orientierung. Sie greifen um sich sowohl in den rechten als auch in den linken Kreisen der Gesellschaft.

Als Auslöser für diesen Bedeutungszuwachs kann die Flüchtlingskrise des Jahres 2015 angesehen werden. Von da an werden politische Proteste zunehmend von solchen sogenannten Verschwörungstheorien unterfüttert. Sie bilden deren Rechtfertigung und Antrieb. Sie schaffen Zusammenhalt und Identität, aber auch zugleich die Grenzen für den Meinungsaustausch mit anderen Sichtweisen.

Fakten und Deutung

Bei den meisten Menschen steht hinter aller Theoriebildung der Versuch, die Wirklichkeit zu erkennen und die Wahrheit hinter der Wirklichkeit zu ergründen. Theorien sollen verstehen helfen. Aber mit dem Wahrnehmen und Erkennen der Wirklichkeit alleine scheint es nicht getan zu sein.

Denn obwohl die Fakten für alle gleich sind, sind die Meinungen und Theorien trotzdem verschieden, die sich auf der Grundlage derselben Fakten entwickeln. Weshalb wird die Wirklichkeit, obwohl sie doch für alle gleich zu sein scheint, unterschiedlich gesehen? Es stellt sich also auch die Frage nach der Wahrheit hinter der Wirklichkeit.

Beispielsweise beträgt der Anteil des Kohlendioxids in der Luft 0,04%. Diese Tatsache ist für Befürworter wie Gegner der Treibhaus-Theorie gleich. Trotzdem unterscheiden sie sich in der Deutung dieser Tatsache. Die einen halten diese Menge für gefährlich, die anderen sehen sie eher als gering an im historischen Vergleich.

Meinungsbildung ist also nicht allein abhängig von einer sauberen Faktenlage, sondern in ganz erheblichem Maße auch von den Schlüssen, die aus den Informationen gezogen werden. Es geht um die Deutung der Vorgänge. Was sagen die Fakten aus über die Vorgänge in der Gesellschaft? Welche Kräfte wirken da und in welche Richtung treiben sie die Entwicklung? Was kommt zum Vorschein und will anders werden?

Daran wird deutlich: Die Frage nach der Entwicklung ist die eigentlich wichtige politische Frage, nicht die nach der Verfügbarkeit von Informationen. Die heutigen Gesellschaften sind mit Informationen überflutet. Was fehlt ist die Orientierung in der Nutzung und Deutung dieser Fakten. Viel wichtiger ist also herauszufinden, was die Tatsachen ausdrücken, in welche Entwicklung sie einzuordnen sind und wie sie darin einzuordnen sind?

In diesem Sinne stellt sich weniger die Frage, ob die sogenannten Verschwörungstheorien inhaltlich richtig oder falsch sind. Es wird auch wenig nutzen, ihnen andere Sichtweisen oder alternative Fakten entgegen zu setzen wie ein intellektuelles Antiserum. Und schon gar nicht hilft es, verbindliche Wahrheiten festlegen zu wollen, möglichst noch versehen mit einem TÜV-Siegel für offizielle Wahrheit.

Wirklichkeit und Wahrheit sind Erkenntnisprozesse, die nicht verordnet werden können. Das ist schon bei der Inquisition schief gegangen und daran hat auch die Schaffung von Dogmen und

Glaubensbekenntnissen wenig ändern können. Wahrheit kommt erst zum Vorschein auf dem Weg des sachlichen Meinungsaustausches im ernsthaften Interesse an Erkenntnis. Das ist ein Bewusstwerdungsprozess, keine schein-demokratische Veranstaltung, wo darüber abgestimmt und Konsens hergestellt wird, was Wahrheit ist und was nicht.

Viel wichtiger als das Festlegen unverbrüchlicher Wahrheiten zu den Aussagen der Verschwörungstheorien, ist doch vielmehr die Frage: Was drückt deren inflationäre Zunahme aus über den Zustand der Gesellschaft? Was äußert sich in dem verzweifelten Kreuzzug von selbsternannten oder öffentlich bestellten Wahrheitskommissionen gegen solche Sichtweisen und Entwicklungen?

Triebkräfte

Was ist im Gange? Hunger und Unzufriedenheit sind oftmals Triebkräfte für gesellschaftliche Explosionen. Für die entwickelten kapitalistischen Staaten ist der Hunger weitgehend bedeutungslos geworden. Dafür steigt aber seit Jahren die Unzufriedenheit über die politischen und gesellschaftlichen Verhältnisse im Wertewesten.

Diese Unzufriedenheit trat offen und massiv mit Pegida im Verlaufe der Flüchtlingskrise von 2015 zu Tage. Sie brach sich als Islamfeindlichkeit Bahn. Diese war aber nicht Teil einer besonderen deutschen oder gar ost-deutschen DNA. Diese Islamfeindlichkeit war Ergebnis jahrelanger Meinungsbildung durch Teile der Medien, Politik, sogenannter Experten und der Geheimdienste in den westlichen Gesellschaften.

Dem Wertewesten waren nach dem Untergang des Sozialismus die Feindbilder ausgegangen. Wie sollte man vor einer Gesellschaft, die nach den Zerfall der Sowjetunion keine äußere Bedrohung mehr sah, rechtfertigen, dass immer noch gewaltige Summen in Rüstung und Geheimdienste flossen. Gleichzeitig trat man nämlich mit den Hartz-Gesetzen und der Agenda 2010 auf die Ausgabenbremse zulasten der arbeitenden Bevölkerung.

Meinungsmacher arbeiteten daran, ein Gefühl äußerer Bedrohung durch Russland und zunehmend auch China herzustellen. Und unter dem Begriff des politischen Islam nährten sie die Ängste der Bevölkerung vor Feinden inmitten der eigenen Gesellschaft. Denn mit der Schaffung von Feindbildern in Form von Juden und Kommunisten war man in früheren Zeiten bereits erfolgreich gewesen. Dazu gehörten auch die mit deutscher Unterstützung und Beteiligung geführten Kriege in der islamischen Welt im Rahmen des von den

USA ausgerufenen Kriegs gegen den Terror.

Jedoch hatten die europäischen Staaten nicht mit den Fluchtbewegungen gerechnet, die diese Kriege in der islamischen Welt auslösten. Dementsprechend stand man dieser Entwicklung unvorbereitet und hilflos gegenüber. Und diese Flüchtlinge waren hauptsächlich Moslems. Damit entsprachen sie also genau jenem Feindbild, das in den westlichen Gesellschaften seit Jahren gepflegt worden war.

Für viele Bürger war es unverständlich, dass gerade jene, die doch seit Jahr und Tag als Bedrohung unserer westlichen Lebensart dargestellt worden waren, nun auf einmal von der deutschen Kanzlerin, Teilen der Politik und der Medien zum Teil überschwänglich willkommen geheißen wurden. Das passte für sie nicht zusammen. Sie befürchteten nun gerade diese Islamisierung, vor der doch immer gewarnt worden war.

Im Laufe dieser Entwicklung entstanden Deutungsansätze, die diesen Widerspruch zu erklären versuchten. Der Begriff der Umvolkung machte die Runde, die Vorstellung, dass die deutsche Politik die Deutschen durch Flüchtlinge und Ausländer ersetzen wollte. Aus Angst vor einer drohenden Islamisierung sowie dem befürchteten Verlust der eigenen nationalen Identität und gesellschaftlichen Stellung kam es zur Gründung von Pegida und ihren lokalen Ablegern in verschiedenen deutschen Städten.

Hatten sich diese Menschen bisher im Einklang mit einer Politik gefühlt, die sich einer islamischen Bedrohung erwehren zu müssen glaubte, so waren sie nun über diesen Wandel in der öffentlichen Gesinnung verwundert. Sie fühlten sich von den Politikern, die sie gewählt hatten, nicht in dem Maße unterstützt, wie sie glaubten, erwarten zu dürfen.

Als sie von Medien und Politik dann auch noch als Nazis in Nadelstreifen und gar Pack bezeichnet wurden, wuchsen Unmut, Ärger und Verbitterung. Eine Abkehr von den herrschenden Parteien und Medien setzte ein, die sich in einer Ablehnung der sogenannten Lügenpresse niederschlug.

In der Folge mussten sie feststellen, dass sie nun in der Öffentlichkeit ähnlich verunglimpft wurden wie die sogenannten Islamisten, gegen die sie eigentlich die deutsche Gesellschaft hatten beschützen wollen. Sie wurden selbst zum Feindbild. Daraus entwickelte sich weitere Distanz zur sogenannten Mehrheitsgesellschaft und ihren Repräsentanten. Diese Vorgänge führten zur Vertiefung und Verfeinerung bestehender Erklärungsversuche, die in der Öffentlichkeit als Verschwörungstheorien bezeichnet wurden.

Vorgeschichte

Das eigentliche Problem hinter dieser Entwicklung hin zu den sogenannten Verschwörungstheorien waren Hilflosigkeit und Unverständnis. Diese Menschen konnten sich die Widersprüche zwischen ihren Erwartungen und der Realität der herrschenden Politik nicht erklären. Nach dem Motto „Wir sind das Volk" hielten sie sich für den Souverän, von dem alle Staatsgewalt ausgehen soll. Das war die Theorie.

Aber alles, was sie seit den Hartz-Gesetzen und der Agenda 2010 erlebt hatten, passte nicht zu dieser Theorie. Besonders in diesem Zusammenhang hatten sie feststellen müssen, dass die Interessen derer, die sich als „das Volk" bezeichneten, nur eine untergeordnete Bedeutung hatten. Alle anderen Interessen schienen wichtiger zu sein.

Als die Banken strauchelten waren Hunderte von Milliarden sofort verfügbar, um diese zu retten. Auch für die Kriege war immer Geld da gewesen. Aber die Erhöhung der Hartz-Sätze um nur wenige Euro hatte zu monatelangen Diskussionen und dürftigen Ergebnissen geführt. Hinzu kam das speziell ostdeutsche Problem des Abstiegs vieler Menschen in die Arbeitslosigkeit nach der Wende.

Diese Widersprüchlichkeit hatten viele nicht verstehen können und nach neuen Erklärungen gesucht. Den Deutungsversuchen der Meinungsmacher hatten sie lange genug zugehört, aber keine befriedigenden Erkenntnisse darin gefunden, wenn diese sich denn überhaupt mit solchen Themen beschäftigten. Aber gerade Medien und Politik waren es ja gewesen, die mit der ständig hinausposaunten Werteorientierung diese Missverständnisse geschaffen hatten, denen diejenigen aufgesessen waren, die sich nun empörten.

Immer wieder wurde die Ausrichtung westlicher Politik an Werten hervorgehoben, besonders auch gegenüber den sogenannten Schurken-Staaten. Aber im alltäglichen Leben hatten viele Menschen nicht die Erfahrung gemacht, dass sich Politik und Wirtschaft an jenen Werten orientieren, die sie gerne vor sich hertrugen wie eine Monstranz. Man hatte den Menschen eingeredet, sie seien das Volk. Aber das Volk fühlte sich nicht beachtet. Nach ihrem Empfinden erhielten die Neuankömmlinge mehr Aufmerksamkeit als sie selbst. Dieses Unverständnis suchte nach Erklärung.

Das war die Stunde der sogenannten Verschwörungstheorien. Je nach politischer Orientierung gingen diese Erklärungsversuche in unterschiedliche Richtungen. Sichtweisen wie die von der Umvolkung des deutschen Volkes zugunsten von Ausländern und Flüchtlingen durch Merkel und die etablierten Parteien bedienten eher das konservativ-nationalistische Gedankengut.

Aber auch im linken Spektrum der Gesellschaft entstanden ähnliche wirre Erklärungsmodelle. Hier sah man Kapital und Eliten am Werke, die absichtlich und gezielt Flüchtlingsbewegungen in Gang gesetzt hatten, um sich billigere Arbeitskräfte sichern zu können. Auch vermutete man dahinter den Versuch vonseiten dieser Eliten oder eines sogenannten Tiefen Staats, eine nicht näher erklärte Neugestaltung der politischen Ordnung auf den Weg zu bringen.[146]

Danach

Mit jeder weiteren Krise verfestigte sich fortan eine Vorstellung in Teilen der Bevölkerung, dass geheime und undurchsichtige Kräfte Verursacher, Lenker und Profiteure dieser Krisen seien. Die Undurchsichtigkeit und Unklarheit der Vorgänge führte man zurück auf die Unkenntlichkeit jener Eliten, denen man die Macht beimaß, die Geschicke ganzer Gesellschaften lenken zu können. Denn nur bei diesen vermutete man die nötigen Mittel dazu: Neben der Macht, das Geld, korrupte Helfer und ein allumfassendes Wissen zur Formung der Gesellschaft nach ihren Wünschen.

Solche Denkweisen sind jedoch in erster Linie zurückzuführen auf mangelnde Kenntnis gesellschaftlicher Prozesse und die schwindende Fähigkeit, solche Vorgänge sachgerecht zu analysieren. Seit dem Untergang des Sozialismus und dem damit verbundenen Bedeutungsverlust der materialistischen Betrachtungsweise werden gesellschaftliche Ereignisse immer seltener auf der Grundlage der gesellschaftlichen Bedingungen und Gegebenheiten untersucht.

Vielmehr herrscht bei der Betrachtung der Gesellschaft und der Untersuchung der Vorgänge in ihr eine Orientierung vor an Theorien und Modellen, die auf Idealvorstellungen und westlichen Wertvorstellungen gründen. So werden die gesellschaftlichen Ereignisse nicht als gesellschaftliche Entwicklungen verstanden und dargestellt, sondern moralisch behandelt als das Fehlverhalten von „verkommenen, verinzuchteten Eliten", wie zum Beispiel Herrmann Ploppa es ausdrückte.[147]

Deren Interesse besteht nach dieser Sichtweise darin, ihre geheimen und weitreichenden Pläne zur Profitmaximierung und Unterwerfung der Menschheit unter eine neue globale Ordnung umzusetzen. In solchen Vorstellungen äußert sich das Bewusstsein von Untertanen,

---

146 Siehe dazu Rüdiger Rauls: Die Migrations-Waffe
147 Herrmann Ploppa: Und ploetzlich bemerken sie dich

die sich einer unbezwingbaren, weil in sich geschlossenen und kompakten Macht gegenüber sehen. Dass aber auch innerhalb der herrschenden Klasse Konkurrenz und Interessengegensätze wüten, wird in diesem Bild nicht wahr genommen.

Das Bild eines geschlossenen Kreises, dessen Mitglieder unbekannt und unerkannt im Hintergrund die Fäden ziehen bis tief hinunter auf die untersten Ebenen der Gesellschaft, entspricht nicht der gesellschaftlichen Wirklichkeit. Trotzdem aber verfestigt sich diese Vorstellung nicht nur sondern gewinnt auch an Breite. Dabei wird sie zunehmend von rechts orientierten Mitgliedern der Gesellschaft genau so akzeptiert wie von solchen, die sich selbst links verorten.

Aber diese Vorstellung einer umfassenden Verschwörung ist nicht nur in den so bezeichneten Theorien zu finden. Eigentlich ist dieses Bild nichts weiter als die konsequente Fortsetzung einer Berichterstattung und Meinungsbildung, wie sie seit eh und je von jenen Medien betrieben wurden, die heute als Mainstream bezeichnet werden. Hier findet die Neigung zur Verschwörungstheorie ihren Ursprung, nicht bei jenen, die heute als Verschwörungstheoretiker bezeichnet werden.

Skandale statt Erklärungen

Dieselben Methoden, die in den Verschwörungstheorien vorgefunden werden, haben die Mainstream-Medien selbst geschaffen und gepflegt. In ihren Berichten ist die Verschwörung allgegenwärtig. Sie haben das Bild entworfen, nach dem sich Machthaber wie Assad mit seinen alawitischen Clanmitglieder verschworen haben im Kampf gegen das eigene Volk in Syrien. Das Motiv dieser Verschwörung ist alleine der Machterhalt seiner Clique, so die westliche Darstellung.

In Russland ist es nicht anders. Auch dort präsentieren die westlichen Medien dem Konsumenten eine Verschwörung von Putin und seinen Oligarchen gegen das russische Volk. Auch diesen geht es nach der Sicht unserer Hoheitsmedien nur um ihren persönlichen Machterhalt und Mehrung des eigenen Reichtums. Ausführliche Berichterstattung über Villen am schwarzen Meer und goldene Toilettenbürsten sollen solche Theorien belegen. Skandale werden geschaffen und als Beweise ausgegeben, das Rezept einer jeden Verschwörungstheorie.

In China soll sich Xi Jinping mit der kommunistischen Partei gegen die Interessen und Freiheit des chinesischen Volkes verschworen haben. Maduro und seine korrupte Clique von Generälen und sozialistischen Eiferern lassen das eigene Volk hungern, an Corona krepieren und bereichern sich selbst durch Drogenhandel und den Raub venezolanischen Goldes. Mutmaßungen, Gerüchte und eigene Schlüsse werden zu Indizien verknüpft und zu Beweisen aufgewertet.

Und natürlich darf auch Kuba nicht fehlen, wo seit Jahrzehnten schon die Castros sich gegen das eigene Volk verschworen haben sollen nur um der eigenen Privilegien willen. Egal wie durchschnittlich deren Häuser und Vermögen sind, für eine Verschwörungstheorie reicht es immer. Sie alle sollen nach westlicher Sicht Krieg führen gegen das eigene Volk oder haben sich zumindest verschworen in dem alleinigen Interesse, dem eigenen Volk Leid zuzufügen.

Sie alle ziehen die Fäden bis auf die untersten Ebenen der Gesellschaften, haben Spitzel überall in der Gesellschaft, manipulieren jede Wahl und verfolgen jeden, der eine eigene Meinung hat. Das ist doch das Bild, das die meisten Medien in mehr oder weniger plumper Form den westlichen Bürgern frei Haus liefern über jene Regierungen, Gesellschaften und Systeme, mit denen man politisch im Clinch liegt.

Motive

Und wie in den sogenannten Verschwörungstheorien werden diese Bilder auf der Basis von Vermutungen, Annahmen und Gerüchten erstellt, die die Wirklichkeit verzerren statt sie zu erklären. Über die Motive von Assad, Putin, Maduro und anderen werden öffentlich Spekulationen angestellt. Hobbypsychologen oder sogenannte Experten werden befragt und um Einschätzungen gebeten, die dem Konsumenten das verschwörerische Verhalten der Angeprangerten aus niederen Motiven oder charakterlichen Defiziten heraus verständlich manchen sollen.

Aber wurde bisher Assad zu einer Stellungnahme und Darlegung seiner Motive und Überlegungen für sein Handeln befragt, aus seinem eigenen Munde? Nicht interpretiert durch die Aussagen und Vermutungen westlicher Reporter oder durch fragwürdige Videos und Berichte von der gegnerischen Seite! Konnte jemals Maduro selbst zu den Vorwürfen gegen ihn Stellung beziehen, authentisch seine eigene Sicht der Dinge und Beweggründe seiner Politik darlegen? Nicht entstellt durch die Meinungen der westlichen Kommentatoren!

Hat jemals Kim Yong Un persönlich sich zum nordkoreanischen Atomprogramm äußern können, seine eigene Darstellung bringen können, nicht die Vermutungen der westlichen Berichterstatter oder Berichte amerikanischer Geheimdienste? Wurden Putin oder Xi je befragt zu ihrer Politik gegenüber Nawalny, in Hongkong oder sonstigen Ereignissen in ihrem Herrschaftsbereich? Hat der westliche Medienkonsument jemals die Hintergründe dieses Handelns unabhängig von den Deutungen der Berichterstatter erfahren können?

Seit Jahr und Tag haben westliche Berichterstatter, Kommentatoren und Medien in der Darstellung der Ereignisse ihre eigenen Vermutungen, Deutungen und Vorurteile vorgetragen, nicht aber die derjenigen, über die sie berichteten. Die Meinungsmacher lassen keine Gelegenheit aus, die Sichtweisen und Darstellungen der sogenannten Verschwörungstheorien zu kritisieren, sie als falsch oder manipulativ darzustellen. Sie sehen den Splitter im Auge des Gegenübers, aber nicht den Balken im eigenen.

Sie, die westlichen Meinungsmacher, waren diejenigen, die sich verschworen haben gegen ihre Zuschauer, ihre Zuhörer, ihre Leser und gegen die Wahrheit[148]. Nun erhebt sich ein Heulen und Klagen unter denjenigen, die die Verschwörung salonfähig gemacht haben, Nun wettern sie gegen jene, die es ihnen nachtun. Sie beklagen nicht die Verschwörung gegen die Wahrheit selbst. Sie beklagen, dass ihre eigenen Verschwörungstheorien an Einfluss verlieren.

---

148 Siehe dazu Rüdiger Rauls: Chinesische Zustände

Bilder aus Absurdistan

14.2.2021 Elena Berg, auf politische analyse

Am Tag, als ich diesen Beitrag zu schreiben beginne, zeigt mir Google zum Stichwort *Rubikon* drei Bilder: den Oberkörper eines Krawattenträgers im Anzug, ohne Kopf, mit gespreizten Händen und einer Strippe an jedem der zehn Finger. Also offenbar ein Mann, der im Marionettentheater die Fäden zieht; dazu die Titelzeile „Die Psychopatendiktatur"[149]. Das zweite Bild: wieder ein kopfloser Mann, eine Hand abwehrend nach vorne gestreckt, dazu die Worte „Sag nein!" (Nein wozu? Das erklärt – wenn man den Artikel aufruft – dessen Untertitel: „Wenn sich der Faschismus in neuem Gewand zeigt, bleibt uns nur eines — die Verweigerung.")[150]
Auf dem dritten Bild schließlich nicht Hände, sondern Füße: Ein Paar nackter Füße ragen unter einem weißen Tuch hervor. Im Hintergrund ganz verschwommen eine gesichtslose Figur im blauen Kittel, deren Hände etwas notieren. Am großen Zeh eines Fußes der Person unter dem Leichentuch baumelt eine Art Schild oder Zettel, wie sie offenbar bei Obduktionen üblich sind. Darunter steht: „Die Schein-Coronatoten". Erläuterung des Online-Magazins Rubikon dazu: „Tausendfach haben Ärzte bei Verstorbenen fälschlich Corona als Todesursache deklariert — wenn dies auffliegt, riskieren sie Gefängnis."[151]
Das Bild stammt von Shutterstock, einer US-amerikanischen Bildagentur; viele ähnliche, auf Vorrat produzierte Stockfotos hat das Unternehmen zum Thema „Autopsie" im Angebot. Aber die im Zusammenhang mit Corona Verstorbenen – mehr als 63.000 sind es jetzt allein in Deutschland – auf ein Paar Füße zu reduzieren, wirkt sehr pietätslos. Es verletzt die Würde der Toten, die Gefühle ihrer Angehörigen und das humane Empfinden der Gesellschaft.
Eine humane Gesellschaft beruht auf der menschlichen Fähigkeit, Mitgefühl zu empfinden. „Empathisch miteinander umgehen setzt die Überzeugung voraus, dass ein anderer die gleiche Daseinsberechtigung hat wie wir und genauso einzigartig ist wie wir selbst", so der Pädagoge Karl Gebauer[152]. Die Grundüberzeugung, dass jeder Mensch einzigartig ist, gerät ins Wanken, wenn Abbildungen sich auf einzelne Körperpartien oder Körperteile beschränken.

---

149 https://www.rubikon.news/artikel/die-psychopathendiktatur
150 https://www.rubikon.news/artikel/sag-nein
151 https://www.rubikon.news/artikel/die-schein-coronatoten-2
152 https://www.nifbe.de/component/themensammlung

In den genannten Bildern zu den Rubikon-Artikeln sind die Köpfe der Lebenden wie auch der Toten abgeschnitten. Das gilt nicht für alle, aber für viele Illustrationen der Beiträge dieses Online-Mediums. Durchgängig werden statt dokumentarischer Abbildungen Symbolfotos von Shutterstock verwendet. Das sicher auch aus Kostengründen; doch Menschen werden so nicht als konkrete Personen, sondern als anonyme Wesen mit Objektcharakter dargestellt. Die Darstellung ohne Gesicht, die Fokussierung auf Körperteile unterstreicht das noch.

Aluhut und Sonnenbrille

Machen es die sogenannten Mainstream-Medien besser? Probeweise suche ich nach dem Begriff „Verschwörungstheoretiker". Was taucht an Bildern in der Suche auf? Auch da teilweise Stockfotos, mit denen Medien Artikel zum Thema garnieren. Oder Fotos von Demonstrationen. Ein besonders beliebtes Motiv ist nicht der Mensch ohne Kopf, sondern der Kopf ohne Mensch, gerne mit Sonnenbrille, auf jeden Fall mit Aluhut. Manchmal von hinten zu sehen, manchmal auch nur ein Aluhut, ohne Kopf.
Wikipedia zum Begriff Aluhut: Seit einer Science-Fiction-Geschichte von Aldous Huxley werde der „mit Paranoia und Verschwörungstheorien in Verbindung gebracht. Das Sprachbild muss nicht auf Personen festgelegt sein. Auch einzelne Argumente einer längeren Argumentationskette können als ‚sehr aluhut-artig' bezeichnet werden. (…) Zahlreiche Artikel zu den Verschwörungstheorien um COVID-19 wurden mit Fotos von Demonstranten mit Aluhüten bebildert."[153]
Ich gehe auf das Bildmaterial so ausführlich ein, weil man nicht umsonst von der „Macht der Bilder" spricht. Bilder sind einprägsamer und wirkmächtiger als Worte. In der medialen Darstellung unterstreichen sie das sogenannte Framing von Inhalten, also die Einbettung von Sachverhalten in Deutungsrahmen oder -raster.
Symbolbilder symbolisieren die zentrale Botschaft eines Textes. Wird der mit einem Bild aufgemacht, auf dem ein Aluhut quasi das Gehirn ersetzt, lese ich ihn anders, als wenn mir etwa ein nachdenklich und sympathisch wirkender Mensch entgegenblicken würde.Bilder sind also in besonderem Maße geeignet, Botschaften zu transportieren, die sich im gesellschaftlichen Denken festsetzen sollen.

---

153 https://kenfm.de/aspirin-gegen-corona-von-vincenzo-curella/

Bilder, die spalten

Im Kontext von Corona spalten allein schon die plakativ einge-setzten Bilder die Gesellschaft in zwei Lager: Das Bildmaterial konstituiert einen Raum für die gesellschaftliche Auseinander-setzung über Corona und stellt zugleich eine Grenze her, die ihn durchzieht und in zwei Teile trennt.

Querdenker finden es diffamierend, wenn ihr Denken als „aluhut-artig" dargestellt wird. Umgekehrt wird niemand, der die Corona-Maßnahmen der Regierung für richtig und notwendig hält, „Schein-Coronatote" sehen wollen. Oder sich selbst als an Fäden zappelnde Marionette. Derartige Bilder und Sprachbilder beenden das Denken, bevor es überhaupt beginnt. Und sie verhindern, dass unterschied-liche Sichtweisen sich aufeinander zu bewegen. Sie schaffen Sekto-ren und sorgen dafür, dass niemand die verlässt.

„You are leaving the American sector" stand auf einem Schild am Checkpoint Charlie in Berlin. Die innerdeutsche Grenze war auch Demarkationslinie zwischen zwei Systemen, zwei Gesellschaftsord-nungen. Je nach ideologischer Couleur wurde sie als antifaschi-stischer Schutzwall bezeichnet oder als Todesstreifen. Jedenfalls gab es eine Sperrzone mit Selbstschussanlagen, Minenfeldern und Beobachtungstürmen. Heute existiert eine innerdeutsche Grenze anderer Art: eine Trennung in zwei Welten.

Eine Seite beobachtet die andere, und dazwischen erstreckt sich ein Streifen, den man besser nicht betritt. Eine Art No-Go-Area. Man wird unter Beschuss geraten, durch die eine Seite oder die andere, wenn man einen Fuß dort hineinsetzt. Und Minen lauern dort auch.

Das Land Absurdistan

Auf KenFM ist die Bildsprache eine etwas andere als bei Rubikon, man bedient sich dort nicht *nur,* aber *auch* bei Shutterstock. Heute ein Bild von (was wohl??) Händen. Diesmal mit einer in einem Glas Wasser sich auflösenden Tablette im Vordergrund. Ein Artikel über einen Arztbesuch; der Autor hat sich ohne Maske ins Wartezimmer gesetzt und feiert das nun als Heldentat.

Dann verkündet er: „Würde eine unheilbare, extrem ansteckende Krankheit grassieren, die zu einer hohen Wahrscheinlichkeit einen großen – und ich meine einen wirklich großen Teil, nicht nur 0,05 % der Bevölkerung, und eben nicht nur die labilen, semi-morbiden Menschen, sondern durch die Bank alle – dahinrafft; ich würde

wirklich alles tun, um mich und andere zu schützen."[154]
„Labile, semi-morbide Menschen" dürfen also weiter dahingerafft werden. Der Autor ist erst bereit, andere zu schützen, wenn ein großer Teil der Bevölkerung der Pandemie zum Opfer gefallen ist. Derlei verstörende Aussagen finden sich in den genannten alternativen Medien immer wieder.

Was diesen an gesellschaftlicher, öko-nomischer, politischer Macht fehlt, ersetzen sie oftmals durch extreme, aggressive, absurd klingende Aussagen. Dabei meinen sie aber, absurd würden die anderen handeln, diejenigen, die die Corona-Regeln befolgen. „Eine Kurzgeschichte aus Absurdistan" nennt obiger Autor seinen auf KenFM veröffentlichten Text über den Besuch in der Arztpraxis.

Absurdistan klingt wie Afghanistan. Es ist – im übertragenen Sinne – ein moderner Krieg wie in Afghanistan, der heute an der neuen innerdeutschen Grenze geführt wird. Allerdings liegt Absurdistan im Inland und der Gegner wird mit Wort-Drohnen angegriffen. In diesem unwirtlichen, seltsam unwirklichen Grenzgebiet tobt ein Konflikt, bei dem die Masse der Bürgerinnen und Bürger Zuschauer aus größerer Entfernung ist. Oder „Kollateralschäden" erleidet, weil maskenlose Besuche in Arztpraxen oder Supermärkten real ja die Bevölkerung gefährden. Obwohl der Konflikt eigentlich ein anderer ist.

Der durch Bilder und Botschaften konstituierte Raum ist das Schlachtfeld, auf dem verschwörungstheoretisch geprägte oder beeinflusste alternative Medien, einerseits, und Politik sowie Mainstream-Medien, andererseits, um die Deutungshoheit kämpfen. Um die Macht, „Wirklichkeit" zu konstruieren und zu definieren.

Die Behauptungen, die die alternativen Medien abfeuern, gleichen nicht selten Attacken mit ferngesteuerten Raketen. Andererseits verfügen die etablierten Medien traditionell über die Definitionsmacht und Deutungshoheit, auch wenn sie durch die Existenz anderer „Wahrheiten" angekratzt sind. Und die von ihnen aufgestellte Behauptung „Querdenken = Coronaleugner = Verschwörungstheoretiker = Rechtsextreme = Antisemiten" entbehrt auch nicht der Zerstörungskraft.

An der Behauptung, dass Antisemitismus der Kern aller Verschwörungstheorien wäre, mag etwas dran sein. Sicher lassen sich solche historischen Bezüge herstellen. Aber sie bleiben abstrakt, nur geschichtlich hergeleitet, ohne konkret begründeten Gegenwartsbezug; es fehlt an *Tatsachenbeweisen* in Bezug auf die Adressaten der Vorwürfe, wie etwa Ken Jebsen. Insofern haben sie den Charak-

---

154 amadeu-antonio-stiftung_Verschwoerungsideologien

ter des „Postfaktischen".

Postfaktische Demokratie und Halbwahrheiten

„In einer postfaktischen Demokratie haben Tatsachen und deren Belege ihre Autorität verloren",(siehe 119) formulierten Vincent F. Hendricks und Mads Vestergaard 2017 in einem Text über die „Verlorene Wirklichkeit". „Tatsachen werden zu Rosinen, die man sich herauspickt, wenn sie einer politischen Position oder einer Parteilinie entsprechen. Nicht nur Meinungen werden gewählt, sondern auch Fakten. Selbst die Frage, ob die Sonne scheint oder nicht, ist in diesem extremen Szenario abhängig von der politischen Meinung. Wenn alles politisch ist, ist alles relativ – und die tatsächliche Wirklichkeit hat die Bühne der Politik verlassen."[155]
Nicola Gess, Literaturwissenschaftlerin an der Universität Basel, sieht nicht Lügen, sondern Halbwahrheiten als wesentliches Instrument der Manipulation der Wirklichkeit. Sie hat darüber ein Buch geschrieben. Darin stellt sie einleitend fest, dass die Ausrichtung an einer bürgerlich-liberalen Ideologie der Freiheit, Gleichheit, Gerechtigkeit, Humanität und nicht zuletzt auch der Wahrheit brüchig geworden sei. Ob oder Inwieweit Politik und Medienlandschaft insgesamt sich an der Wahrheit ausrichten, untersucht sie allerdings nicht. Sie bezieht sich in ihren Fallbeispielen auf einen ehemaligen Spiegel-Journalisten, auf einen Literaten und auf Ken Jebsen.
Halbwahrheiten operieren laut Gess nicht nach dem Schema wahr/falsch, sondern nach Schemata wie glaubwürdig/unglaubwürdig. Und zwar in einem narrativen Rahmen. Narrative sind sinnstiftende Erzählungen, die Werte und Emotionen vermitteln. Im Rahmen solcher Erzählungen stellen Halbwahrheiten, so die Literaturwissenschaftlerin, „einen Sachverhalt tendenziös dar, um andere Personen von diesem zu überzeugen oder deren bereits vorhandene Überzeugungen zu bestätigen"(siehe 119). Sie hätten reale wie auch fiktive Inhalte, die jedoch nicht als fiktiv ausgewiesen würden.
Was macht bei aller Unterschiedlichkeit innerhalb der Querdenken-Bewegung deren gemeinsam geteiltes Narrativ, also ihren Grundkonsens aus? Der Schweizer Soziologe Oliver Nachtwey hat die Denkmuster der Querdenker erforscht. Die Bewegung sei im Grunde indifferent gegenüber dem Argument selbst, solange es gegen die

---

155 Bundeszentrale f. pol. Bildung: Verlorene Wirklichkeit an der Schwelle zur postfaktischen Demokratie?

Herrschaft, die Regierung, das System geht, meinte Nachtwey in einem Interview mit dem Philosophie Magazin. „Es gibt ein *anything goes* in der Kritik, die nur kritisieren will, aber keine Maßstäbe der Kritik mehr anwendet."[156]

Auf KenFM liest sich die Kritik beispielsweise so: „Während der öffentliche Raum zum Exerzierplatz von Gereiztheit und Meldepflicht schrumpft, wird die Privatsphäre zugestellt mit Daten und Informationen, hinter denen der giftige Atem der Corona-Dauerbeschwörer spürbar wird, die ähnlich wie Viren in die einstmals anarchistisch entfesselten, nun aber vergitterten sozialen (!) Netze eindringen."[157]

Heißt, das Eindringen von „Corona-Dauerbeschwörern" soll verhindert werden. Der eigene soziale und politische Raum soll frei von Menschen gehalten werden, die Corona für real halten und das Narrativ der alternativen Medien nicht teilen. Stattdessen wird zu einem Love Festival aufgerufen. Erwartet werden zu diesem Event „mindestens 5.000 Demokraten, Gewerkschafter, Studierende und Jugendliche, die sich gegen Grundgesetzleugner, Corona-Faschismus und die konzerngelenkte Fake-Antifa wenden".[158] Küssen soll explizit erlaubt sein.

Wer die Corona-Regeln bricht, wird nicht fragmentiert dargestellt und auch nicht als Objekt. Das Foto zu dem Artikel zeigt fünf junge Leute im Ganzkörperbild, strahlend lachend, eng beieinandersitzend, ohne Maske. Wieder ein Symbolfoto von Shutterstock. Erstellt wurde es von der Firma Syda Media Productions. Die hat zahlreiche Aufnahmen zu „Young people having fun" im Angebot. Mit der Wirklichkeit im gegenwärtigen Deutschland hat das Bild wenig zu tun. Nicht nur weil die Firma in Estland sitzt.

---

156 Nicola Gess: Halbwahrheiten. Zur Manipulation von Wirklichkeit. Matthes & Seitz, Berlin, 2021

157 philomag: querdenken-die-erste-wirklich-postmoderne-bewegung

158 https://kenfm.de/jugend-und-liebe-in-zeiten-von-corona-von-werner-koehne/

Zwischen Skylla und Charybdis

05.03.2021 Ortwin Rosner auf www.derstandard.at

Das Dilemma der Corona-Debatten erweist sich daran, dass man als kritisch denkender Mensch kaum mehr weiß, für wen man überhaupt noch Partei ergreifen kann.

Unkultur

Nach allen Seiten hin zerfällt und radikalisiert sich der öffentliche Diskurs. Die Lage ist verwirrend. So passiert es einem schon mal, dass man „Corona-Demonstranten", die für ihre „Grundrechte" eintreten, gegen den pauschalen Vorwurf eines „Volksverpetzers"[159] verteidigt, der sie allesamt als „Rechtsextremisten" und „Verschwörungstheoretiker" abstempelt — nur damit man im nächsten Moment selbst von „Corona-Leugnern" als „devoter Merkel-Freund" niedergemacht wird, weil man ihren Behauptungen nicht zustimmen will, dass das Virus bloß eine von der Kanzlerin & Co. erfundene Fiktion sei. Persönliche Drohungen inklusive.
Ein nicht weniger chaotisches Bild der hitzigen Corona-Debatten zeichnet Rudolf Stumberger auf „Telepolis": „Es geht momentan ziemlich rund in der Arena: Die Antifa sieht bei Skeptikern hinsichtlich der Corona-Maßnahmen vor allem Neonazis und Antisemiten am Werk, die Rechte (wie etwa die Identitären) schieben die Diskursordnung nach rechts, die Linke ist staatstreu geworden, die Orthodoxie respektive die Leitmedien stellen ‚Faktenchecker' als Gralshüter der Wahrheit auf, wobei diese gerne vergessen, die Prinzipien, nach denen die ‚Fakten' erhoben werden, zu ‚checken'. Gräben allenthalben."[160]

Wo sich positionieren?

Wie es für einen Menschen, der seine geistige Integrität bewahren möchte, danebengehen kann, wenn er versucht, sich in einer solchen historischen Situation auf eine bestimmte Seite zu schlagen, zeigt sich am Beispiel des österreichischen Schauspielers Hubsi Kramar. Mitte Jänner war geplant gewesen, dass er auf einer „Querdenker"-

---

159 Die — natürlich selbstbeweihräuchernde — Selbstcharakteristik der „Volksverpetzer" findet sich hier. https://www.volksverpetzer.de/ueber-uns/
160 https://www.heise.de/tp/features/Der-Lockdown-der-Gefuehle-5040672.html

Demo in Wien auftritt, um das Krisenmanagement der Bundesregierung zu kritisieren.

Sein Anliegen wäre es gewesen, vor den Teilnehmern der Kundgebung davon zu reden, wie die Politik die Menschen im Stich gelassen hat. Anstatt seine Rede halten zu können, musste er die Flucht vor dem „lauten Gegröle" ergreifen: „Niemand hat zugehört, wenn man etwas argumentiert hat. Es war zutiefst faschistoid und armselig."[161]

Ist aber nun die Alternative tauglich, stattdessen doch wieder reuig zurück in die Arme des Mainstreams zu flüchten, in die sogenannte anständige Mitte? Zeigt diese denn nicht ebenso mittlerweile ihre faschistoiden Züge? Und trägt der Mainstream nicht an der allgemeinen Volksverdummung eine erhebliche Mitschuld? Wird nicht auch von ihm längst ein Denken gepflegt, das ohne viel Argumentation auskommt, sondern vor allem mit Kampfbegriffen?

Das neue autoritäre Denken

Ein Zug zu einem neuen autoritären Denken macht sich immer mehr breit, und das gerade auch in der gesellschaftlichen Mitte. Der Ruf nach der starken Hand, die durchgreift, kommt schon lange nicht mehr nur aus dem rechtspopulistischen Eck. Die Internet-Medien sollen Nachrichten und Videos löschen, die „Falschinformationen" und „Unsinn" verbreiten, bekommt man immer öfter zu hören. Teilweise ist das auch schon geschehen.[162]

Wie sehr das einem demokratischen Diskurs widerspricht, davon hat man offenkundig nur ein geringes Bewusstsein. Vielmehr scheint man überzeugt davon zu sein, dass man selbst ganz genau weiß, was wahr und was falsch ist, und dass man selbstverständlich das Recht hat, solche Maßnahmen zu setzen.[163]

Auch was die Impfung betrifft, lässt der eine oder andere recht bedenkenlos sein Begehren weniger nach unvoreingenommener und umfassender Berichterstattung als nach Macht heraushängen. „Ich wünschte, die Krankenhäuser und Heime könnten sie [die Pflegekräfte] zum Impfen zwingen", schreibt etwa der Kolumnist Alexander Neubacher im „Spiegel". Und macht ungeniert klar, dass er jeden, der daraufhin an seinen Vorbehalten festhält, mit Kampfvokabular zu übersäen bereit ist: „Lehnen eine Ärztin oder ein

161 https://www.derstandard.at/story/2000124137978/wie-
    coronamassnahmengegner-sich-von-der-demokratie-entfremden
162 https://www.derstandard.at/story/2000123551183/youtube-sperrt-
    verschwoerungserzaehler-ken-jebsen-endgueltig
163 Vgl. https://www.falter.at/zeitung/20200407/wer-bestimmt-die-wahrheit

Pfleger die Corona-Impfung dann immer noch ab und berufen sich auf angebliche Persönlichkeitsrechte, sind sie keine Freiheitskämpfer, sondern skrupellose Zocker [...]".[164]

Abbau von Grundrechten

Angebliche Persönlichkeitsrechte. Diese Formulierung muss man sich einmal auf der Zunge zergehen lassen. Und so etwas steht unwidersprochen im größten Nachrichtenmagazin Deutschlands. Das ist nur vor dem Hintergrund eines bereits weitgehend erodierten Diskurses zu verstehen.

Mittlerweile hat man sich daran gewöhnt, dass die Grundrechte kassiert sind. Heribert Prantl ist einer der wenigen etablierten Journalisten im deutschsprachigen Raum, der das konsequent kritisiert. In einem Interview mit der „Berliner Zeitung" listet er auf: Die schleichende Aushöhlung des Parlamentarismus, die massiven Einschränkungen von Bewegungs- und Gewerbefreiheit, die für viele Leute existenzgefährdend sind, und der Verlust des Grundrechts von Alten, Kranken und Sterbenden auf Kontakt zur Außenwelt, zu ihren nächsten Angehörigen, Freunden und Verwandten.

„Ich stelle mit Befremden fest, dass jetzt viele mit sehnsüchtigen Augen nach Fernost blicken, wo die Pandemie mit Big-Brother-Methoden bekämpft wird", fährt Prantl fort. An anderer Stelle sagt er: „Aktuell ist die Politik dominiert von Naturwissenschaftlern und Virologen. Das geht nicht. Die Regierung muss Verfassungsrechtler, Pädagogen, Soziologen, Ökonomen und Kinderärzte anhören."[165]

Faktenfetischismus

Aber bei den Auseinandersetzungen ist ein vollkommen falsches Bild von dem leitend, was Politik überhaupt ist oder sein sollte. Politik wird inszeniert als *Technokratie*, als ein Vollzug von „Fakten", also dessen, was naturwissenschaftliche Experten einem sagen, das man tun soll. Und leider lassen sich einige Wissenschaftler von den Lockungen der Macht verführen und tun da mit. Bekanntgeworden ist der Fall einer Virologin, die vorgeschlagen hat, man solle gleich ganz Tirol abriegeln.[166] Dafür wurde sie zwar

---

164 https://www.spiegel.de/politik/deutschland/corona-impfskepsis-bei-aerzten-
    und-pflegekraeften-querdenker-in-weiss-a-00000000-0002-0001-0000-
    000174784596

165 https://www.berliner-zeitung.de/politik-gesellschaft/heribert-prantl-ich-
    hoffe-dass-die-gesellschaft-aufwacht-li.136339

166 https://www.derstandard.at/story/2000123863372/virologin-von-laer-will-

angefeindet, bekam aber auch viel Unterstützung.[167]
Es geht jedoch nicht an, dass medizinische Fachleute auf derartige Maßnahmen drängen, deren juristische, soziale und politische Auswirkungen weit außerhalb ihres Horizonts liegen, und dass man ihnen dabei vielleicht sogar noch Folge leistet. Vorbereitet wurde das freilich bereits in den letzten Jahrzehnten durch den Verfall des Politischen zum „Post-Politischen". Die europäische Politik versteht sich schon lange nur mehr als Vollzug von sogenannten „Sachzwängen". Mit eben demselben Stumpfsinn, den sie sich über die Jahre antrainiert hat, versucht die Politik diese Strategie nun auch in der Corona-Krise zu verfolgen — und wird dabei im Kreis herum gejagt.[168] Denn nicht nur dass man Politik nicht auf das reduzieren kann, was einem medizinische Berater zuflüstern — die Naturwissenschaftler haben oft auch gar nicht jene eindeutigen „Fakten", die man von ihnen erwartet. Hier herrscht eine naive Vorstellung von Wissenschaft als eine Art Wahrsagekugel, in die man nur zu schauen brauche, und dann wisse man, was man zu tun habe.[169]

Naive Wissenschaftsgläubigkeit

Dabei reicht es, die Debatte nur etwas aufmerksamer über die Monate zu verfolgen, um zu sehen, dass die Wissenschaft bisweilen oft ganz konträre Dinge gesagt hat und selbst gar nicht immer so genau Bescheid weiß. Da gibt es eine Studie, die das bedeuten könnte, dort eine Studie, die möglicherweise ganz genau das Gegenteil belegt.
Mal hat es geheißen, über Türklinken und U-Bahnhaltegriffe könne man sich anstecken, dann wieder nein, das geschehe nicht. Mal hat die WHO von Masken abgeraten, dann wieder setzten sich doch diejenigen durch, die sie für sinnvoll hielten. Zuerst sind Kinder

---

    tirol-ein-monat-isolieren

167 https://www.derstandard.at/story/2000124143995/warum-hoert-die-politik-nicht-mehr-auf-die-forscher

168 Am Anfang der Corona-Krise glaubte ich noch, die Reaktionen der Politik auf das Virus bedeuteten einen Ausbruch aus der post-politischen Erstarrung. Vgl. dazu:
https://www.derstandard.at/story/2000116049887/warum-corona-ein-weckruf-fuer-die-klimadebatte-sein-koennte

169 "[...] Wissenschafter liefern keine unumstösslichen Fakten, die handlungsanleitend sein könnten und die Überlegenheit einer Ansicht begründen", schreibt auch Urs Hafner in einer Besprechung des Buches "Follow the science?" von Peter Schneider in der "Neuen Zürcher Zeitung": https://www.nzz.ch/feuilleton/verschwoerungstheorien-fast-so-wie-die-wissenschaft-ld.1599611?reduced=true

infektiös, dann sind sie nicht infektiös, dann sind sie wiederum infektiös.

Am Beginn des vergangenen Sommers ging die aufsehenerregende Meldung durch die Medien, dass Impfungen wahrscheinlich nicht viel helfen würden, weil die Anti-Körper nicht dauerhaft erhalten blieben. Später hat man davon nie mehr etwas gehört. Und hat man je zu einer einheitlichen Meinung über den „schwedischen Sonderweg" gefunden?

Diese Verwirrung reicht bis in die jüngste Zeit. Brandneu ein Artikel im Nachrichtenmagazin „Focus", in dem der Virologe Detlev Krüger, immerhin der Vorgänger Christian Drostens an der Berliner Charité, erklärt, die Mutationen seien nicht tödlicher als das ursprüngliche Virus, man solle „Gelassenheit" bewahren.[170] Gleichzeitig sind Meldungen in Umlauf, in denen Forscher eindringlich vor den neuen, viel tödlicheren Varianten warnen.[171]

In der „Berliner Zeitung" legt ein Virologe dar, dass das Virus „am Rückzug" sei[172], während fast zeitgleich ein Artikel in der „Süddeutschen Zeitung" erscheint, der, natürlich ebenfalls unter Berufung auf namhafte Wissenschaftler, betont: Das Virus wird uns noch sehr lange bleiben.[173] Wie soll sich da jemand auskennen? Was für eine Leitlinie angesichts dessen Wissenschaft abgeben kann, bleibt fraglich.

Gespaltene Linke

Die vielen, teils unüberbrückbaren Gräben, die die Corona-Krise in einer postmodern ausdifferenzierten Gesellschaft zwischen den verschiedenen diskursiven Milieus aufgerissen hat, spiegeln sich noch einmal auf sehr spezielle Weise in der linken Szene wieder. (Anmerkung: Wenn ich hier „links" sage, meine ich natürlich wirklich „links" und nicht bloß „linksliberal".)
Virulent wird hier vor allem die unterschiedliche Auslegung des

---

170 https://www.focus.de/gesundheit/news/in-aktuellem-interview-virologe-
    warnt-vor-mutations-panik-nichts-sensationelles-sondern-ganz-
    normal_id_12977045.html
171 https://www.nytimes.com/2021/02/13/world/europe/covid-uk-variant-
    deadlier.html
    https://science.orf.at/stories/3204700/
    https://www.derstandard.at/story/2000123545249/britische-coronavirus-
    mutante-offenbar-toedlicher-als-fruehere-virus-varianten
172 https://www.berliner-zeitung.de/politik-gesellschaft/corona-ist-auf-dem-
    rueckzug-li.139546
173 https://www.sueddeutsche.de/gesundheit/coronavirus-koexistenz-
    herdenimmunitaet-1.5204895

Verhältnisses zum Staat. Während die einen die Maßnahmen sowie die damit verbundenen Bürger-Tugenden von Disziplin und Gehorsam im Zeichen von gesellschaftlicher Solidarität sehen, pflegen andere ein eher rebellisches und anti-autoritäres Verhältnis zur Obrigkeit. Einen plastischen Einblick in die teils sehr verstiegen anmutenden Kontroversen fand man kürzlich im Online-Medium „Telepolis".[174]

Tatsächlich findet sich in der linken Szene eine weite Bandbreite, von Kreisen, die von einem alle bisherigen Maßnahmen in den Schatten stellenden Total-Lockdown (Stichwort „Zero Covid") träumen[175], um das Virus endgültig auszuradieren, bis zu Gruppierungen, denen Regeln und Vorschriften aller Art schon von vornherein suspekt sind — und deren Statements manchmal etwas unerwachsen klingen, wie zum Beispiel dieses von Jens Berger auf den „Nachdenkseiten": „Daher hatte ich auch noch nie Verständnis für Mitbürger, die des Nachts an einer unbefahrenen Straße so lange an einer roten Ampel stehen bleiben, bis sie grün wird."[176]

Die Stunde der Rücksichtslosen

Hier schließen sich nahtlos jene Pseudorebellen an, die sich deswegen schon für waschechte Revolutionäre halten, weil sie eigens die Nase provokant aus der Maske hängen lassen, oder die glauben, sie leisten so etwas wie zivilen Widerstand, indem sie andere, die Wert auf die Einhaltung der Regeln legen, als „unterwürfige Ja-Sager", „Feiglinge" oder „Angsthasen" verspotten.[177]

Ja, Corona war in großen Teilen auch die *Stunde der Rücksichtslosen*, derjenigen, die sich für cool und lässig hielten, wenn sie einfach das taten, was sie wollten, denn niemand habe ihnen etwas vorzuschreiben.

In diesem Zusammenhang kam es im vergangenen Jahr sogar zu zahlreichen schweren Gewaltakten, insbesondere gegenüber Mitarbeitern des öffentlichen Verkehrswesens.[178] Einen Tiefpunkt

---

174 https://www.heise.de/tp/features/ZeroCovid-und-der-autoritaere-Corona-Staat-5055823.html

175 https://www.derstandard.at/story/2000124235122/zero-gegen-no-zwei-initiativen-fuer-ein-leben-ohne-corona

176 https://www.nachdenkseiten.de/?p=68101

177 Vgl. auch: https://www.nzz.ch/meinung/leben-mit-dem-virus-viel-vergnuegen-ld.1566031

178 https://www.focus.de/panorama/welt/gewalt-in-der-pandemie-immer-mehr-maskenverweigerer-werden-handgreiflich-woher-die-neue-corona-gewalt-kommt_id_12566254.html

markieren jene Leute, die im vergangenen Sommer einen französischen Busfahrer zu Tode prügelten, weil er darauf bestanden hatte,
dass sie Masken tragen.[179]

Skylla und Charybdis

Wenn man mich fragt, auf was für eine Seite ich mich da stellen
möchte, ich weiß es nicht. Ich fühle mich eingekesselt zwischen
inakzeptablen Positionen. Corona hat den öffentlichen Diskurs
ruiniert.
Freilich kommt das alles nicht aus dem Nichts. Vieles stellt nur eine
Zuspitzung dessen dar, was sich in den Entwicklungen der letzten
Jahre bereits abgezeichnet hat: die immer stärker werdende gesellschaftliche Polarisierung, die zunehmende Feindseligkeit zwischen
klassischen und sozialen Medien, die Verrohung des Tons und
insbesondere die Etablierung von aggressivem Kampfvokabular.
„Covidiot" ist da nur noch eine Draufgabe. Mit anderen Worten, die
Voraussetzung für all das, was jetzt passiert, war ein Verfall der
Debattenkultur, den es schon länger gegeben hat.
„Es ist eine Radikalisierung des öffentlichen Diskurses zu beobach-
ten, den manche mit der McCarthy-Zeit vergleichen", schreibt der
bereits genannte Stumberger in einem weiteren Artikel auf
„Telepolis".[180]
Prantl drückt es - und das meines Erachtens zu Recht - so aus: „Das
Virusgift hat auch den gesellschaftlichen Diskurs erfasst. Das betrifft
die Befürworter der Maßnahmen genauso wie die Gegner. Es wird
verbissen gestritten, nicht diskutiert. Doch die Demokratie lebt von
den Zwischentönen. In der Demokratie ist nichts alternativlos."[181]
Eine simple Parteiergreifung kommt für mich hier nicht in Frage. Ich
bin ratlos, und ich weiß, dass das viele andere auch sind. Das
Einzige, mit dem ich mir zu helfen weiß: Immer wieder diese
falsche Form des Diskurses selbst zu thematisieren und zu diskutieren. Immer wieder auszusprechen, dass in dieser Form des
Diskurses selbst schon einmal etwas grundlegend falsch ist.

---

179 https://www.derstandard.at/story/2000118649206/nach-angriff-von-
    maskenverweigerernbusfahrer-in-frankreich-gestorben
180 https://www.heise.de/tp/features/Die-Schuetzengraeben-werden-
    umgegraben-5040666.html
181 Interessantes sagt dazu auch die Politikwissenschaftlerin Ulrike Guérot in
    einem Interview (https://www.berliner-zeitung.de/kultur-
    vergnuegen/debatte/interview-mit-ulrike-guerot-ja-ich-will-mit-christian-
    drosten-diskutieren-li.140941?pid=true), das leider sehr schnell hinter einer
    Bezahlschranke verschwunden ist.

Man muss lernen zwischen all diesen falschen Standpunkten hindurch zu segeln so wie der griechische Sagenheld Odysseus zwischen den Meeresungeheuern Skylla und Charybdis. Das heißt: Man muss sie transzendieren.

Zutaten einer Verschwörungstheorie

4.3.2021 Rüdiger Rauls auf politische analyse

Die Corona-Krise verschafft Verschwörungstheorien zusätzlichen Rückenwind. Doch ist jede andere Sicht gleich eine solche? Was ist charakteristisch für die Verschwörungstheorie und ihre Verfasser?

Ein Beispiel

Welcher Zutaten bedarf es, um eine Verschwörungstheorie entstehen zu lassen? Wie entsteht der Eindruck, es würden Geheimnisse aufgedeckt, die bisher verschwiegen worden seien? Wie kommt es dazu, dass viele Menschen glauben, dass all den Vorgängen in der Welt ein großer Plan zugrunde liegt, der im Hintergrund abgearbeitet wird? Am folgenden Text *(Auf dem Weg von Corona zu "Great Reset" und Transhumanismus - Das China-Tabu)* von Anneliese Fikentscher und Andreas Neumann soll verdeutlicht werden, wie eine scheinbar schlüssige Argumentation aufgebaut wird, die dann in dem Versuch eines Erklärstücks mündet. Dabei soll es hier weniger um die Diskussion inhaltlicher Fragen gehen. Vielmehr geht es darum, die Muster verdeutlicht zu machen, die in solchen Darstellungen und Auseinandersetzungen zur Anwendung kommen.

Zitiert wird aus dem Gesamttext der erste Abschnitt, der von den Autoren als Hinführung zum Thema gedacht ist:
„Ist Fragen erlaubt? Ist es erlaubt, der Rolle Chinas in Zusammenhang mit der so genannten "Corona-Pandemie" nachzuspüren? Darf gefragt werden, ob Chinas Rolle womöglich über die reine Opfer-Rolle hinausgeht? Darf eine Mittäterschaft in Betracht gezogen werden? *Nein, diese Frage geht zu weit, werden viele sofort einwenden. Das wäre Wasser auf die Mühlen der China-Feinde. Aber sei's drum! Fragen wir weiter.(a)* Stimmt es, dass der chinesische Staatspräsident Xi Jinping beim Weltwirtschaftsforum (World Economic Forum WEF), dem Treffen der Staats- und Konzernchefs aus aller Welt, aufgetreten ist? Stimmt es, dass der chinesische Staatspräsident in der Selbstdarstellung des WEF neben Bill Gates, *der die ganze Weltbevölkerung impfen lassen will(b)*, groß herausgestellt wird? Stimmt es, dass das Buch "Shaping the Future of the Fourth Industrial Revolution" *des WEF-Gründers und Great-Reset-Propagandisten Klaus Schwab (in deutscher Übersetzung erschienen unter dem Titel "Die Zukunft der Vierten*

Industriellen Revolution")(c) in China große Verbreitung gefunden hat? Stimmt es, dass Klaus Schwabs Sohn Oliver seit 2011 das WEF-Büro in Peking leitet? Stimmt es, dass das WEF seit Jahrzehnten gute Beziehungen zur Zentralregierung in Peking unterhält? Stimmt es, dass ein hoher Vertreter der chinesischen Seuchenbehörde beim Pandemie-Planspiel Event 201, *das in Partnerschaft mit dem WEF und der Bill & Melinda Gates Foundation am 18. Oktober 2019 in New York stattgefunden hat(d)*, dabei war? Stimmt es, dass es in Zusammenhang mit dem dubiosen PCR-Test, *der allein in Deutschland bis Dezember 2020 über 30 Millionen Mal zum Einsatz gekommen ist(e)*, Beziehungen von Christian Drosten mit China gegeben hat? Stimmt es, dass es einen Bezug zwischen der WEF-Konferenz im Januar 2020 und dem in die "Pandemie" mündenden Epidemie-Geschehen in China gibt? *Das sind gewiss Fragen, die manch einer nicht gestellt sehen möchte. Trotzdem stellt sich die Frage, ob sie sich zuverlässig beantworten lassen – ob sie einer Überprüfung als Tatsachenbehauptung standhalten. "(f)*[182]

Vorgefertigte Antworten

Der zitierte Text ist zweigeteilt, was auch optisch kenntlich gemacht wird. Er enthält einerseits eine Sammlung von Fragen. Diese sind im Normaltext gehalten. Kursiv hervorgehoben und mit den Buchstaben a-f gekennzeichnet, sind daneben Aussagen, die als Bekenntnis oder eine Art Programm verstanden werden können, vielleicht sogar so verstanden werden sollen.

In der weiteren Ausführung des gesamten Artikels werden zu diesen Fragen auch Antworten gegeben. Dabei wird aber deutlich, dass die Antworten in der Frage bereits enthalten sind. Es sind rhetorische Fragen. Auf die Behauptungen, die man verkünden will, wurden die Fragen maßgeschneidert. Die Fragestellung dient also keinesfalls der Klärung von Inhalten. Es geht nicht um Erkenntnis. Es geht um die Bestätigung von vorgefertigten Meinungen.

Es geht ihnen nicht um Meinungsaustausch. Die Autoren suchen gar nicht nach Antworten, sie präsentieren welche. Es wird nicht untersucht, ob China sich tatsächlich mit den Eliten des Westens verschworen hat, wie der Text nahezulegen versucht. Es wird behauptet, dass es so ist. Fragen und Antworten sind so auf einander abgestimmt, dass sie die ursprünglichen Vermutungen zu Gewissheiten werden zu lassen.

---

[182] http://www.nrhz.de/flyer/beitrag.php?id=27204

Dieses Frage-Antwort-Spiel manipuliert den Leser. Es entsteht der Eindruck, dass diese Fragen die des Lesers selbst sind. Dementsprechend sind die Antworten genau das sind, was er immer gesucht hat, bisher vielleicht auch nicht verstanden zu haben glaubte. Diese Manipulation geschieht nicht wissentlich und nicht bewusst. Hier manipulieren Manipulierte, die selbst verunsichert sind und dies hinter auftrumpfender Selbstsicherheit verbergen.

Unsicherheit ist eine der Zutaten, die Verschwörungstheorien hervorbringen. Bisheriges Weltbild zerbröckelt unter dem Druck der wirklichen Verhältnisse. Neue Entwicklungen in der Welt sind mit den bisherigen Sichtweisen der Verschwörungstheoretiker nicht mehr zu erklären.[183] Das wird auch in weiteren Verlauf des untersuchten Textes deutlich.

Den Text durchzieht die verloren gegangene Sicherheit bezüglich der eigenen Ansichten über den Sozialismus und die kommunistische Partei Chinas. Die Verfasser können sich die Politik der KP im Umgang mit der Pandemie nicht erklären. So passt es auch nicht zu ihrem bisherigen Bild, „dass das Buch eines der perfidesten Strategen der "westlichen" Welt in einem Land Verbreitung finden kann, das von einer Partei geführt wird, die sich "kommunistisch" nennt. Müsste sich ein Staat, der den "Kommunismus" anstrebt, sich nicht gegen derartiges Schriftgut mit aller Macht zur Wehr setzen?"[184]

Dieser Widerspruch zwischen den eigenen Ansichten und der Wirklichkeit taucht gerade in Bezug auf die kommunistische Partei des öfteren in dem Text auf. Da sich die chinesische KP und das sozialistische China in einer solchen Frage anders verhalten, als es sich nach der Vorstellung der Verfasser verhalten müsste, ist für sie klar, dass China mit dem Westen unter einer Decke steckt.

Es kommt den Autoren dabei aber nicht in den Sinn, dass vielleicht sie selbst es sind, die in einer Vorstellungswelt leben, die der realen Welt nicht entspricht. So taucht nirgendwo der Schimmer eines Zweifels auf, dass vielleicht sie selbst falsch liegen könnten in der Einschätzung von Sozialismus und kommunistischer Partei anstatt der 1,4 Milliarden Chinesen.

Überlegenheit

Zweifel gehören nicht zum Repertoire von Verschwörungstheoretikern. Vielmehr ersticken sie diese in einem

---

183 Siehe dazu Rüdiger Rauls
    https://ruedigerraulsblog.wordpress.com/2021/02/04/verschworung-uberall/
184 http://www.nrhz.de/flyer/beitrag.php?id=27204

Wortschwall von Theorien, Fakten, Vermutungen, Rückschlüssen oder neuen Fragen, die sie über einem Andersdenkenden ausschütten. Sie lassen ihn nicht zu Wort kommen. Sie wollen Recht behalten, nicht neue Erkenntnisse gewinnen. Die Abwehr anderer Ansichten unter ihrem Wortschwall ist Ausdruck ihrer Unsicherheit, die als solche aber von ihnen nicht wahrgenommen wird.

Dass andere Meinungen gegen sie nicht ankommen, werten sie als Beweis der eigenen Überlegenheit. Dieses Gefühl eigener Informations-Überlegenheit ist eine weitere Zutat von Verschwörungstheorien. Diese bezieht sich einerseits auf die Qualität der eigenen Informationen. Sie werden denen der Andersdenkenden als überlegen dargestellt werden.

Der Verschwörungstheoretiker weiß besser Bescheid, hat die besseren und einzig wahren Informationen, denn diese entspringen in der Regel alternativen Quellen. Sie stützen sich meist auf Medien oder Menschen, die unbedenklich sind, weil sie keinen Interessen zu dienen vorgeben oder scheinen.

Denn sie sind im Gegensatz zu den sogenannten Mainstream-Medien oder den sogenannten Handlangern des Systems nicht korrupt wie die unter vielen Querdenkern hoch angesehenen Ärzte Wolfgang Wodarg, **Sucharit Bhakdi und andere. Deren** Aussagen haben für ihre Anhänger im Gegensatz zu den Millionen anderen Ärzten allein deshalb einen höheren Wahrheitsgehalt, weil sie ähnlich ablehnend den Beschlüssen der Regierungen gegenüberstehen wie die Querdenker selbst.

In dieser Sichtweise offenbart sich neben der informationellen Überlegenheit auch eine weitere Zutat von Verschwörungstheorien, die moralische Integrität. Wer nicht korrupt ist und sich nicht auf die fragwürdigen Quellen des Mainstream stützt, kann auch als moralisch überlegen angesehen werden.

Dieser Anschein moralischer Integrität wird oftmals verstärkt durch eine Selbsteinschätzung und Selbstdarstellung von Märtyrertum, Revoluzzertum oder gar des Verfolgten, der sich aufopfert für die gerechte Sache. So sehen sich beispielsweise viele Querdenker als die eigentlichen und einzig aufrichtigen Verteidiger des Grundgesetzes und seiner demokratischen Werte gegen einen aufkommenden neuen Faschismus.

Auch im vorliegenden Text geben sich die Verfasser kompromiss- und tabulos (siehe dazu die Hervorhebungen a-f). Sie stellen die Fragen, von denen sie zu glauben scheinen, dass sich das sonst niemand traut. Nur sie scheinen den Mut dazu zu haben, selbst auf die Gefahr hin, dass es sich dabei um Fragen handelt, „die manch einer nicht gestellt sehen möchte".[185] Das erweckt den Eindruck moralischer Integrität.

Nur: bei genauerem Hinsehen entpuppen sich diese Fragen nicht gerade als solche, die Welt aus den Angeln heben. Sie sind eher banal. So wird dem chinesischen Parteichef Xi Jingping angekreidet, dass er „in der Selbstdarstellung des WEF neben Bill Gates ... groß herausgestellt wird"[186].

Dabei wird aber anscheinend übersehen, dass auf demselben Bild auch Nelson Mandela und der Musiker Elton John neben Bill Gates in Erscheinung treten. Es stellt sich nun die Frage, ob auch diese Teil jener Verschwörung sind, für die die Autoren in dem Gruppenbild einen Beleg zu sehen glauben.

Die oben gestellten Fragen gewinnen ihre angenommene Bedrohlichkeit nur aus dem Eigenverständnis der Fragesteller selbst, dass es nämlich eine Verschwörung gibt, die sie aufdecken. Sie sehen sich als diejenigen, die den Herrschenden einen Strich durch die Rechnung machen.

Ursprung Realität

Nun sind die Verschwörungstheorien nicht als Kopfgeburten aus sich selbst heraus entstanden. Sie sind vielmehr Reaktionen auf politische und gesellschaftliche Ereignissen, die andere zu verantworten haben. Sie sind Erklärungsversuche für Vorgänge, die anders eingetreten sind, als nach dem bisherigen Weltbild erwartet werden konnte. Aber sie haben ihren Ursprung in der Realität.

Das wird am obigen Beispiel deutlich in der veränderten Einstellung der Autoren gegenüber der Politik der chinesischen Kommunisten. Für sie sind letztere Teil des Komplotts geworden, weil sie eine andere Politik betreiben, als sie nach der Auffassung der Autoren betreiben müssten, um als Kommunisten gelten zu können.

Insofern kann den Verschwörungstheoretikern nur eine begrenzte Verantwortung für die Verwirrung gegeben werden, die sie verbreiten. Denn sie sind selbst Verwirrte. Sie sind verunsichert durch gesellschaftliche und politische Vorgänge, die sie nicht nachvollziehen können und deren Verursacher andere sind.

Diese Verursacher sind in erster Linie die herrschende Politik, die jene Tatsachen schafft, die die Verschwörungstheoretiker nicht mehr verstehen. Aber für die Verwirrung sorgen auch die Medien, Meinungsmacher und sogenannte Experten, die die Politik der

____

185 http://www.nrhz.de/flyer/beitrag.php?id=27204
186 http://www.nrhz.de/flyer/beitrag.php?id=27204

Regierenden und Herrschenden gegenüber der Bevölkerung zu erklären und zu rechtfertigen versuchen.

Politik und Erklärungen stehen sehr oft im Widerspruch zu den Grundsätzen und Werten, die besonders im Westen immer wieder als Grundlage politischer Entscheidungen und Handlungen ausgegeben werden. Diese Widersprüche werden immer deutlicher und bestimmender. Sie sind die Grundlage der Verschwörungstheorien.

Deren Verfasser sind eigentlich jene Gutgläubigen, die sich diesen Werten verbunden gefühlt und selbst zu vertreten versucht hatten. Sie haben diese Werte ernst genommen, ernster jedenfalls als jene, die sie immer wie eine Monstranz vor sich hertragen.

Sie sind die Getäuschten, die sich nun enttäuscht abwenden und nach Erklärungen für dieses Missverhältnis suchen. Nicht umsonst verstehen sich gerade viele Querdenker als die wahren und rechtmäßigen Verteidiger der Grundrechte des Grundgesetzes und der demokratischen Werte. Sie fühlen sich diesen Werten immer noch verbunden und sehen sich aber von jenen betrogen, die diese Werte und Grundrechte anders auslegen und handhaben als sie selbst.

Sie unterliegen dem Irrglauben, dass es nur eine Auslegung geben kann, nur eine verbindlich ist und zwar die ihre. Sie erkennen nicht, dass nicht die Auslegung der Werte und Grundrechte durch die Regierenden widersprüchlich ist, sondern vielmehr diese Werte selbst es in sich haben, die Sprengkräfte zu entfalten, die sich nun in der Gesellschaft auftun.

Im Räderwerk

Die Grundrechte sind nicht absolut. Sie scheinen nur so. In Wirklichkeit sind sie, eingeschränkt. Sie sind die gut gemeinten Absichten, die aber von anderen Gesetzen und Verordnungen erst alltagstauglich und gesellschaftsfähig gemacht werden. Sie stehen auf dem Papier, unterliegen in Alltag und Wirklichkeit aber dem Gezerre der Interessen. Sie gelten nur, soweit keine anderen Interessen berührt sind. Und diese bekommen Kraft und Wirkung durch die präzisierenden gesetzlichen Regelungen. Die meisten Grundrechte werden durch Gesetzgebung eingeschränkt und verstümmelt.

Herrschende Politik kommt nun zwischen die Mühlsteine der praktischen Politik im Alltag und den Werten, mit denen sie den Menschen in den Sonntagsreden die Hirne vernebelt hat. Je mehr herrschende Politik Herrschaft ausüben muss, um die Gesellschaft vor ihren inneren Widersprüchen zu schützen, umso deutlicher wird, dass nicht allen Interessen in gleichem Maße gedient werden kann. Die Interessen der Wirtschaft gehen vor. Das hat sich in jeder Krise der letzten Jahre gezeigt.

Wenn auch das Volk glaubt und ruft: „Wir sind das Volk", so bedeutet das aber nicht, dass die Interessen des Volkes über denen der anderen gesellschaftlichen Kräfte stehen. Alle gesellschaftlichen Gruppen gehören zum Volk. Insofern kann jede für sich diesen Protestruf beanspruchen. Aber das Gewicht der Interessen ist unterschiedlich. Das wird immer mehr Menschen immer mehr deutlich, und das ist es, was sie verwirrt und zu wirren Erklärungsversuchen führt von Verschwörungen und Geheimbünden.

Es gibt unterschiedliche Interessen, und es gibt auch Interessengruppen mit unterschiedlichem Einfluss. Aber es gibt nur selten wirkliche Verschwörungen. Das haben die Herrschenden nicht nötig – im Moment jedenfalls. Sie haben die Gesetze, die sie schützen. Sie haben die Medien, die ihre Interessen als rechtmäßig und berechtigt darstellen. Sie haben ihre Wissenschaftler und Experten, die ihr Vorhalten als vernünftig und alternativlos erklären. Und sie haben Regierungen, die in ihrem Interesse Politik machen, indem sie die gesellschaftlichen Widersprüche überdecken und damit die Gesellschaft befrieden.

Denn die Herrschenden sind nur wenige. Die Beherrschten stellen die Mehrheit dar. Gegen diese Mehrheit kann die Minderheit nicht bestehen, wenn die Mehrheit sich ihrer Interessen bewusst wird und sich dafür einsetzt. Das aber ist ein langwieriger Erkenntnisprozess, und noch beschwerlicher ist es, sich für die Durchsetzung dieser Interessen politisch zu organisieren.

Aber dabei helfen keine Verschwörungstheorien. Um die Verhältnisse zu verändern ist das Erkennen der Wirklichkeit Voraussetzung. An ihr messen sich die Theorien. Aber Theorien, die der Wirklichkeit nicht entsprechen, sind falsch und somit nicht hilfreich.[187]

---

187 Siehe auch Rüdiger Rauls
    https://ruedigerraulsblog.wordpress.com/2020/07/08/wirklichkeit-belehrt-wissenschaft/

„Querdenker" – wer sind die denn überhaupt?

8.3.2021 Ortwin Rosner überarbeiteter Text, ursprünglich erschienen in der Zeitschrift „Streifzüge"

Von den Merkwürdigkeiten auf Corona-Demos und den Absonderlichkeiten unserer gesellschaftlichen Normalität.

Fremde Wesen?

Von Corona-Demonstranten wird oft gesprochen, als wären sie ulkige Tiere, oder als kämen sie vom Mars. Zumindest hat man diesen Eindruck, wenn man den Berichten des Mainstreams zuhört. Die Teilnehmer derartiger Kundgebungen werden den Fernsehzuschauern und Zeitungslesern präsentiert, als ob es sich dabei um etwas ganz Fremdartiges, schwer Verstehbares, aber natürlich „Extremistisches" und damit Inakzeptables handeln müsse. Fast könnte man glauben, es handle sich um Außerirdische, so wird davon geredet. Corona-Demonstranten werden konstruiert als das „Andere", als das, was jedenfalls nicht „wir" sind.

Es wird eine Art sozialer Landkarte erstellt. Da sind „wir", das heißt die gesellschaftliche „Mitte", und „wir" sind „hier," das heißt vor den Fernsehgeräten oder mit der Zeitung in der Hand. Jedenfalls sind „wir" brave und anständige Bürger. Am besten befinden „wir" uns zuhause, so wie es die Corona-Regeln erfordern. Und dann sind „die dort" auf der Straße, die „anderen", der gefährliche gesellschaftliche „Rand" demnach. „Wir" befinden uns im „Inneren" der Gesellschaft, während „die dort" sich in einem „Außen" dazu befinden.

Dieser grundsätzliche Eindruck wird weiterhin am Leben erhalten, auch wenn man bald gesehen hat, dass es nicht so einfach möglich ist, alle Corona-Demonstranten pauschal als „Rechtsextremisten" abzutun. Dann werden sie halt als „Spinner", „Schwurbler" und „Covidioten" tituliert. Sie werden jedenfalls als das grundlegend „Andere" zu „uns" definiert.

Verunmöglicht wird dadurch die Einsicht, dass das, was sich auf den Corona-Demonstrationen zusammenfindet, ein Spiegel unserer Gesellschaft ist und ein Ergebnis der gesamtgesellschaftlichen-politischen Entwicklungen der vergangenen Jahrzehnte.

Spiegel des Wahnsinns der Normalität

Eine solche Einsicht könnte freilich ernüchternd für beide Seiten sein. Für diejenigen, die glauben, sie präsentieren die „Mitte", genauso wie für die anderen, die glauben, sie würden hier tatsächlich eine „Rebellion" aufziehen.

Die ersteren müssten einsehen, dass die „anderen" gar nichts Fremdes, sondern ein Teil von ihnen selbst sind, zu ihnen dazu gehören oder ihnen zumindest ähnlicher sind, als sie das wahrhaben wollen.

Die zweiteren müssten einsehen, dass sie keineswegs einen heldenhaften „Widerstand" gegen die herrschende Politik leisten, sondern das, was sie sagen und denken, auch nur ein Ausdruck dessen ist, was die politische Mitte in den letzten Jahrzehnten mit ihnen geistig angerichtet hat.

Demzufolge müssten die ersteren zugeben, dass die brave, anständige, links- und neoliberale sowie natürlich politisch korrekte Politik, die sie während der Jahrzehnte vorangetrieben haben, selbst Ursache des Problems ist. Und die zweiteren müssten zugeben, dass ihre Proteste keine revolutionären, sondern weitgehend regressive Tendenzen in sich tragen.

Was auch bedeutet, dass sie die komplexen gesellschaftlichen Zusammenhänge, gegen die sie revoltieren wollen, gar nicht zu durchschauen in der Lage sind. Stattdessen reduzieren sie die Welt auf einfache Erzählungen, das heißt auf das, was dann von den Mainstream-Medien als „Verschwörungstheorien" bezeichnet wird.

Das verlangt natürlich nach einer Erläuterung. Generell könnte auffallen, wie bekannt einem vieles vorkommt, was man auf den Corona-Demos findet. Abstrus zwar einerseits, dann aber doch auch wieder erstaunlich gewöhnlich und aus dem Alltag bekannt.

So ähnlich definiert übrigens der Vater der Psychoanalyse, Sigmund Freud, das „Unheimliche". Das „Unheimliche" ist nicht das absolut Fremde, sagt er, sondern es ist ambivalent. Es hat viel gemein mit seinem scheinbaren Gegensatz, dem „Heimlichen", dem eigenen Unbewussten. Also mit dem, was einem im Grunde zutiefst vertraut ist, aber irgendwann von einem verdrängt worden ist.

Was auffällt, ist denn auch bei vielen der Aussagen von Corona-Rebellen ihr durchwegs banaler Charakter. Man muss ja nicht gleich an die QAnon-Verschwörungstheorie denken, die tatsächlich bizarr anmutet und darum gerne von den Medien zitiert wird.[188]

Wenn aber Corona-Rebellen beispielsweise Plattitüden dreschen wie „Krankheit ist ein Teil unsere Lebens" und ihren Spott über diejenigen ergießen, die „Angst vor dem Tod" haben, wenn sie an die „Eigenverantwortung" und die „Selbstheilungskräfte" gemah-

---

188 https://www.derstandard.at/story/2000119158129/qanon-auf-berliner-demo-worum-es-bei-den-verschwoerungsmythen-ueber

nen[189] oder, teils im Scherz, teils im Ernst, einem gar erklären, man solle einfach einen guten Schnaps trinken, dann gehe das Virus schon weg[190] — dann sagen sie eigentlich überhaupt nichts Besonderes, dann wiederholen sie, vermutlich ohne dass sie das wissen, in Wahrheit nur sozialdarwinistische Denk- und Bewusstseinsformen des neoliberalen Mainstreams.

Es ist übrigens, und das weiß ich aus persönlicher Erfahrung, in unserer Gesellschaft durchaus Alltag, dass kränkliche Menschen von ihren Freunden und Bekannten und manchmal sogar von Ärzten mit solchen und ähnlichen Floskeln abgefertigt werden. Erstaunlich schnell gilt da einer als „wehleidig" oder als einer, „der sich gehen lässt" beziehungsweise „nicht die richtige Einstellung hat". Wenn man nur etwas „positiv denken würde", dann würde man ganz sicherlich schon bald gesund werden.

Mit anderen Worten, wir haben es hier bloß mit Memen zu tun, die an sich permanent in unserer Umwelt fluktuieren. Die Corona-Rebellen treiben diese Sprach- und Denkformen nur auf die Spitze. Ihre abstrus anmutenden Auffassungen sind bei näherem Hinsehen alles andere originell, sondern ein Abklatsch dessen, was man in der sogenannten anständigen gesellschaftlichen Mitte permanent vorfindet.

Unreflektierte Widersprüche

Es gilt also, die besagte Landkarte in Frage zu stellen. Vielleicht müssen wir eine ganz andere Landkarte basteln, eine, die sich weniger an den oberflächlichen Etiketten orientiert, wie „Verschwörungstheorie", „Schwurbelei" oder „Rechtsextremismus", sondern stattdessen die grundsätzlichen Gedanken- und Bewusstseinsstrukturen abbildet, mit denen alle diese Phänomene in Kommunikation stehen, ihre Urformen, wenn man so will.

Vielleicht müssen wir dabei auch viel mehr auf die Gemeinsamkeiten dieser Erscheinungen mit dem normalen gesellschaftlichen Leben achten als auf ihre Unterschiede. Wo leitet sich das alles her, worauf bezieht es sich und worauf reagiert es? Was sind die gesamtgesellschaftlichen Entwicklungen, von denen sie Resultat sind?

---

189 https://www.facebook.com/FreieMedien2.0/videos/374667503490922

190 „Ouzo kills Coronavirus" steht da etwa in einem Posting auf der FB-Seite einer Griechenland-affinen Dame, die sich den „Querdenkern" zugewandt hat.

Meine Grundthese lautet, dass die spezifische Ausformung, in der uns die Proteste gegen die Corona-Maßnahmen entgegentreten, weniger auf eine bestimmte Ideologie oder Weltanschauung verweist als auf einen *ideologischen Zerfall*. Dieser zeichnet sich schon lange im herrschenden gesellschaftlichen Bewusstsein ab. Die Corona-Demonstrationen spiegeln ihn nur wider.

Einige der in diesem Zusammenhang zutage tretenden Auffälligkeiten wurden sogar vom Mainstream bemerkt. So konstatierte beispielsweise die österreichische Journalistin Ingrid Brodnig, nachdem sie im vergangenen Sommer auf einer Corona-Demo in Berlin war, dass sich die Teilnehmer ihrer „inneren Widersprüche" nicht bewusst wären: „Die einen meinen, das Virus existiert, aber es sei harmlos; die anderen glauben nicht einmal an die Existenz von Viren. Obwohl das unterschiedliche Sichtweisen sind, werden solche Widersprüche nicht diskutiert [...]"[191]

Leider gibt sie sich dann mit einer zu einfachen Erklärung dafür zufrieden. Sie meint, das sei so, „weil man einen gemeinsamen Außenfeind hat: Medien und Politik." Das mag zwar stimmen, ist aber nicht die einzige Ursache.

Halten wir jedoch einmal fest: Es gehört zum Wesen der „Querdenker"-Szene, dass sie einen bunten, unübersichtlichen Haufen bildet und dass sie sich nicht durch eine bestimmte feststehende Ideologie auszeichnet. Wie es auch zum Wesen der Corona-Rebellen gehört, dass sie selten eindeutig irgendeinem Lager zuzuordnen sind. Mehr noch: Bei genauerem Hinsehen gibt es nicht nur Widersprüche der Wortführer der Szene untereinander, es sind auch ihre Äußerungen jeweils in sich inkohärent, ohne dass sie sich darum zu kümmern scheinen. Darauf möchte ich nun näher eingehen.

Der neoliberale Kapitalismuskritiker

Brodnig hätte freilich drastischere Beispiele für die unreflektierten inneren Widersprüche der Corona-Leugner-Szene aufzeigen können. Schafft man hier doch etwa den unglaublichen Spagat, sich auf der einen Seite in der Tradition des antifaschistischen Kampfes zu sehen, weil man ja gegen eine „Corona-Diktatur" aufsteht, und auf der anderen Seite gleichzeitig selbst hemmungslos antisemitische Verschwörungstheorien zu verbreiten.

Um die tiefe ideologische Verwirrung, die hier um sich greift, ein wenig ausführlicher zu illustrieren, wähle ich das Exempel eines

---

191 https://www.derstandard.at/story/2000119725607/corona-proteste-
   aufwachen

gewissen E. D., mit dem ich zufällig auf Facebook in Kontakt gekommen bin. Er hat dort immerhin fast tausend Freunde und erhält für seine Aussagen überwiegend Zustimmung.

Zuerst scheint mir der Mann ein klassischer Linker zu sein. In regelrechten Kampfpostings tritt er ein für faire Löhne, für eine Besteuerung der Reichen, gegen Armut und sogar für das bedingungslose Grundeinkommen.

Sätze von Karl Marx, Sarah Wagenknecht und Martin Luther King geben sich hier die Klinke in die Hand. Dazu passt, dass der Mann angibt, Gewerkschaftsfunktionär zu sein. Er stellt aber auch die Gefährlichkeit des Corona-Virus in Abrede und wettert mit Vehemenz gegen die Maskentragepflicht.

Dabei unterzieht E. D. weder die Quellen noch die Inhalte seiner Postings irgendeiner Prüfung, sondern teilt einfach wild alles, was auch nur irgendwie seinem Grundtenor „Die da oben tun mit uns, was sie wollen, aber wir, das Volk, lassen uns von den Regierenden nicht verarschen!" entgegenkommt. Und unter seinen zahlreichen Followern tummeln sich nicht wenige, die den Immigranten die Schuld an allem geben.

Dann aber teilt derselbe Mann im Zusammenhang mit seinem Unglauben an die Gefährlichkeit des Corona-Virus ein Posting, das - im New-Age-Stil geschrieben - plötzlich nicht mehr „denen da oben", sondern dem uneinsichtigen Einzelnen die Schuld an allem gibt: "Die moderne Medizin kümmert sich um deine Krankheit - davon lebt sie! Um deine Gesundheit musst Du dich kümmern - davon lebst Du!"

„Genauso ist es! Eigenverantwortung! So muss es sein!" stimmen seine Anhänger der Reihe nach - und das ganz ironiefrei - zu. „Ein jeder hat es selbst in der Hand, ob er gesund bleibt oder nicht!" „Ein jeder ist selbst für sein Immunsystem verantwortlich!"

Ein besonderer Eiferer ist sich überhaupt sicher, dass die meisten Leute nur deswegen krank würden, weil sie ihre Verantwortung für sich selbst nicht einsähen, und dass man, wenn sie das täten, locker einen Großteil der medizinischen Einrichtungen einsparen könnte. E. D. schenkt ihm ein „Gefällt mir". Durchmixt sind diese Behauptungen mit Schuldzuweisungen an die Finanzwirtschaft.

Widerschein einer postmodernen Gesellschaft

Man sollte eigentlich meinen, dass es keinen besonders hohen Bildungsgrad braucht, um zu bemerken, dass diese Äußerungen eine inkohärente Mischung aus unterschiedlichen und bisweilen einander sogar völlig widersprechenden weltanschaulichen Positionen beinhalten. Wie kann sich denn ein marxistisch angehauchtes Eintreten für die Unterprivilegierten in der Gesellschaft vertragen mit der sozialdarwinistischen Phrase der „Eigenverantwortung" und gar mit menschenverachtenden Schuldzuweisungen an Kranke dafür, dass sie krank sind?

Diese krasse Selbstwidersprüchlichkeit scheint aber die breite Anhängerschar von E. D. nicht nur nicht zu stören, sondern mehr noch, und das ist das eigentlich Bedenkenswerte, weder von dieser noch von ihm selbst bemerkt zu werden. Hauptsache, die Sprüche, Phrasen und Schlagwörter klingen gut und animieren dazu, sie zu teilen und zu liken.

Was ist hier geschehen, wie ist so etwas möglich, muss man sich fragen. So verrückt einem aber das alles vorkommt, auch hier landet man bei der Suche nach Erklärungen wieder in der Mitte der Gesellschaft. Wenn man das Phänomen etwas anders kontextualisiert, erscheint es einem auf einmal nicht mehr dermaßen rätselhaft, sondern sogar ziemlich normal.

Tatsächlich sind diese Menschen genuine Kinder unseres postmodernen Zeitalters. Sie benehmen sich grundsätzlich gar nicht so anders als die meisten anderen auch in unserer Gesellschaft. Sie reden Phrasen nach, ohne näher darüber nachzudenken, was sie eigentlich bedeuten. Und nicht eine bestimmte fassbare Ideologie bildet den Grundstock ihrer Ansichten, sondern sie bedienen sich nur mehr der Bruchstücke von Ideologien, die sie wild zusammenkleistern, ohne dass sie sich Sorgen um die daraus entstehenden Widersprüche machen.

Tun das aber nicht fast alle heutzutage? Ist das nicht sogar die Regel? Wir leben im Zeitalter postmodernen Hybridentums, und das nimmt auf den Corona-Demonstrationen Gestalt an.

Der Soziologe Oliver Nachtwey wagt hier eine zugespitzte Formulierung: „Vielleicht ist das die erste wirklich postmoderne Bewegung."[192] Und fährt fort: „Wenn also auch schon frühere Bewegungen amorph waren, hatten sie dennoch ein übergreifendes Koordinatensystem, das in der Realität verankert war. Im Fall von ‚Querdenken' sehen wir jedoch eine Radikalität, bei der keine Kohärenz und Konsistenz mehr existiert oder angestrebt wird. Das meine ich mit postmodern: Es werden nur noch Sound- und Argumentbites herausgesucht, die dann auch extrem widersprüchlich sein können, was aber insofern nicht stört, als dass die Bewegung im

---

192 https://www.philomag.de/artikel/querdenken-die-erste-wirklich-
    postmoderne-bewegung

Grunde indifferent gegenüber dem Argument selbst ist, solange es gegen die Herrschaft, die Regierung, das System geht. Es gibt ein *anything goes* in der Kritik, die nur kritisieren will, aber keine Maßstäbe mehr anwendet."

Ideologischer Zerfall

Leider geht - zumindest in dem Interview, aus dem ich hier zitiere - Nachtwey damit am Ende doch nicht viel über die Erklärung hinaus, die Brodnig gibt. Er entdeckt zwar eine Überschneidung des diskursiven Verhaltens der „Querdenker" mit grundlegenden Paradigmen des postmodernen Zeitgeists, aber wie das zusammenhängt, diese Frage wirft er nicht auf.

Dabei wäre das eine Pointe, die man näher beleuchten müsste: dass der geistig verwirrt anmutende Corona-Demonstrant möglicherweise unbewusst bloß das in die Praxis umsetzt, was die heutzutage allgemein anerkannte postmoderne Gesellschaftstheorie immer schon gefordert hat.

Schließlich ist die Postmoderne diejenige große philosophische Bewegung, die in den letzten drei Jahrzehnten nahezu alles beeinflusst und umgekrempelt hat. Dabei hat sie das logisch-köhärente Denken als patriarchalisch-autoritäres Relikt hingestellt, das man am besten ad acta legen solle, hat einem an persönlichen Beliebigkeiten orientierten Wahrheitsrelativismus gefrönt und hat - man denke an das Agieren der identitätspolitischen Linken - einen geradezu hemmungslosen Kult um die „Differenz" und „Vielheit" installiert, der sich, so die Idee, um Widersprüche und um Einwände der Vernunft nicht mehr zu kümmern brauche. Schließlich gebe es die Realität als solche gar nicht, sie sei bloß ein „Konstrukt".

Und jetzt, wo die „Querdenker" bloß genau das ausleben, was vom postmodern geprägten linksliberalen Mainstream seit Jahrzehnten propagiert wird, ja, was auf unseren Universitäten gelehrt wird, wird es auf einmal zum Problem? Wieso eigentlich? Und wäre genau hier nicht die Einsicht zu formulieren, dass den Corona-Rebellen also im Grunde eigentlich gar nichts so Sonderbares anhaftet, dass sie auch überdies gar keinen Gegensatz zum herrschenden Diskurs darstellen *- sondern vielmehr sein logisches Resultat sind?*

Manifestiert sich in ihnen doch lediglich ein ideologischer und intellektueller Zerfall, der sich seit Jahrzehnten gesamtgesellschaftlich abzeichnet und den man durchaus nicht nur an ihnen ablesen kann.

Denn in Wahrheit atmet die ganze heutige Zeit diese Konfusion. Wenn etwa linksliberale Leitartikelschreiber in einem Moment den Schrecken der Klimakrise an die Wand malen, im nächsten sich aber darüber freuen, dass jene Wirtschaft wieder zulegt, die bekanntlich die Klimakrise verursacht, dann erscheint uns das vielleicht nur deswegen nicht vollkommen verrückt, weil wir diese Absurditäten, im Unterschied zu jenen der Corona-Demonstranten, schon gewohnt sind. Es ist gar nicht so viel anders als bei den „Querdenkern": Diese enormen Widersprüche fallen gar keinem auf, sie interessieren keinen.

Schließen möchte ich meinen Text mit einem etwas längeren, aber unterhaltsamen Zitat, das diese Eigenheit unserer Gegenwartskultur satirisch veranschaulicht. Der psychoanalytisch orientierte Kulturtheoretiker Klaus Theweleit karikiert die seltsamen Zeitumstände, unter denen wir leben und zu zersplitterten Ichs geworden sind, nämlich sehr treffend:

„So könnte als ‚normale' Ich-Vielheit aktuell etwa dies durchgehen: Ein Mitmensch - vom Arbeitsplatz, aus der Nachbarschaft, aus dem öffentlichen Leben; ein Er oder eine Sie mittleren Alters, mittelständisch - kann vom Frühstückstisch die Kinder freundlich auf den Schulweg bringen, (Ehe)Partner mit Kuss verabschieden, auf dem Weg zur Arbeit Date mit anderem Liebespartner vereinbaren, um 10:20 im Büro ein Aktiengeschäft tätigen, das seine Rendite u. a. über Waffenproduktionen einfährt; um 10: 50 für hungernde Kinder in Indien spenden sowie für eine Institution, die sich um Kindersoldaten im Kongo kümmert, um 11:30 einen Untergebenen zur Sau machen wegen lascher Arbeitsauffassung; in der Mittagspause nett zu allen Mitessern sein (für deren Entlassung er in der Sitzung um 14:30 plädiert, da notwendig im Sinne der Firma); zwischendrin das Blatt lesen, das alle Kriege und soziale Ungerechtigkeiten geißelt; in der Diskussion für eine Partei eintreten, die seine steuerlichen Bedürfnisse am besten bedient (obwohl diese Partei in allen anderen Punkten seinen ‚Ansichten' widerspricht); er kann in einer Kirche sein oder auch nicht in einer Kirche sein und gewisse damit verbundene Rituale ausüben (ohne daß dies seine übrigen alltäglichen Verhaltensweisen tangieren würde); er kann am Morgen 1 Stunde religiös sein und am Abend wieder 1 Stunde, 1 Stunde Pazifist und Kinderhelfer, 1 Stunde Kriegsunterstützer, dazwischen die anstehenden Anwaltstermine wahrnehmen zur ‚Vermittlung' einiger dieser Bereiche untereinander; und bald darauf, nachdem er, entschiedener Gegner der Massentierhaltung, doch ein Stück Supermarktpute zu sich nimmt bei der Einladung zum Abendessen bei Freunden; er

kann zum Feierabend als guter Nachbar am Zaun stehen; morgen
aber nachbarschaftlicher Denunziant in Parkplatzfragen oder Fragen
von Hundekacke sein; er kann, wie David Lynch an einem College
Professor vorführt - *Twin Peaks/Lost Highway* - die Tochter am
Frühstückstisch schlagen wegen des Drecks unter ihren Fingernä-
geln, ein sauberer Vater, aber nachts ‚das Gespenst‘ sein, das in ihr
Bett steigt und sie sexuell missbraucht - lauter Dinge also, die,
würde man sie *zusammen* denken, als Handlungen eines integralen
‚Ich‘ ziemlich unmöglich wären; zumindest aber als höchst *wider-
sprüchliche* erscheinen müßten - sowohl diesem Ich selber wie auch
allen äußeren Betrachtern. Genau dies scheint aber bei vielen
Heutigen nicht der Fall."[193]

---

193 Theweleit, Klaus: Warum Cortés wirklich siegte. Technologiegeschichte der
eurasisch-amerikanischen Kolonialismen. Pocahontas III. Matthes & Seitz
Verlag, Berlin 2020. S. 350-351

Corona und die Folgen

10.03.2021 Rüdiger Rauls auf politische analyse

Mit dem Beginn der Impfungen hat das Virus an Schrecken eingebüßt. Wie im Falle der Influenza wird auch Covid-19 nicht aus der Welt verschwinden, aber es ist kontrollierbar geworden. Die Gefahren für die Gesundheit der Weltbevölkerung sinken. Aber die Pandemie hat globale Bruchstellen deutlich gemacht und Spuren in Bewusstsein und Stabilität der Gesellschaften hinterlassen. Beides war schon vorher vorhanden, jedoch treten sie nun verstärkt zutage.

Bittere Erkenntnis

Selbst die schärfsten Kritiker Chinas kommen nicht umhin festzustellen, dass durch das rasche und entschlossene Handeln von kommunistischer Partei und Regierung beider Ansehen in der eigenen Bevölkerung stark zugenommen hat. Andererseits müssen selbst die entschiedensten Verfechter des westlichen Demokratiemodells eingestehen, dass sich deren Vertreter in der Bewältigung der Krise nicht gerade mit Ruhm bekleckert haben.

So schreibt die Frankfurter Allgemeine Zeitung (FAZ), die sonst kein gutes Haar an China lässt: „So einfach ist die Sache allerdings nicht, … dass ein demokratisches Land nichts von den rigiden Methoden lernen könne, mit denen eine Diktatur wie China gegen das Virus vorgeht."[194] Es ist löblich, dass nun selbst eines der chinafeindlichen Leitmedien sich zu diesem Eingeständnis durchgerungen hat. Für die FAZ geht es dabei nur um das Herabsteigen vom hohen Ross.

Aber für Tausende Menschen in Deutschland und vielleicht Zehntausende in der westlichen Welt kommt diese Erkenntnis leider zu spät. Sie sind gestorben, weil man aus den Erfahrungen Chinas nicht hatte lernen wollen. Lieber hatte man sich in den Grabenkämpfen eines Systemkonflikts verschanzt, den der Westen ohne Not ausgerufen hatte.

Die Bewältigung der Pandemie sollte zum Nachweis für die Überlegenheit des Systems der liberalen Demokratie werden. Da kam es den Herolden der Menschenrechte nicht auf einige Tausend Tote an, die diesem Wettstreit auf dem Tummelplatz politischer Machtkämpfe zum Opfer fielen. Sie sind die Bauernopfer dieses Konfliktes.

---

194 FAZ vom 9.3.2021: Asien kann es besser

Denn die meisten Menschen starben nicht in den sogenannten Unrechtsstaaten sondern in den Demokratien des Westens, allen voran in den USA, dem reichsten und technisch am höchsten entwickelten Land der Welt. Aber auch Deutschland hat sich mit seinen mittlerweile über 70.000 Toten einen Platz unter den Top-Ten auf der Todesliste der Pandemie erarbeitet.

Es ist nun sicherlich müßig zu fragen, wie der Kampf gegen das Virus in Deutschland verlaufen wäre, hätten Leitmedien wie die FAZ die Öffentlichkeit ausführlicher und wohlwollender über die Erfolge Chinas informiert. Aber man zog es vor, den meisten Maßnahmen der chinesischen Führung das Etikett von Hinterlist und Machtgier anzuheften, anstatt Nutzen für die eigenen Bürger daraus zu ziehen oder wenigstens daraufhin zu prüfen.

Wie viele Menschen hätten vielleicht nicht sterben müssen, hätten die Medien ihre Verantwortung wahrgenommen und die Entscheidungsträger aufgefordert, im Interesse der eigenen Bürger politische Überheblichkeit und ideologische Scheuklappen abzulegen. Stattdessen gaben sich führende Medien dieses Landes sehr viel Mühe, einen Bericht über die Erfolge im Kampf gegen das Virus in Wuhan zu verhindern, da er ihnen ein zu positives Bild von den chinesischen Verhältnissen zeichnete.[195]

Orientierungslos

Noch ist die Bekämpfung der Pandemie in vollem Gang, sodass sich die Fragen nach der Verantwortung von Überheblichkeit, Starrsinn und Uneinsichtigkeit der Verantwortlichen für die hohen Opferzahlen noch nicht stellen. Doch eines wurde im Laufe der Pandemie immer deutlicher: Orientierungslosigkeit der politisch Handelnden.

Hin- und hergerissen zwischen kleinlichen Moralgeboten, überzogenen Idealvorstellungen, starren Regeln und widerstrebenden Interessen, verirrten sie sich immer mehr im Dschungel von Ansprüchen und vollmundigen Ankündigungen, fanden aber keinen Weg aus der Pandemie. Es fehlte an Realitätsnähe, einer Vorstellung von dem, was notwendig, was machbar ist und welche Ansprüche unter den gegebenen Umständen auch einmal zurückgestellt oder gar zurückgewiesen werden müssen.

Denn die Gesellschaft befand sich im Ausnahmezustand, nicht im Normalbetrieb. Dann sind auch mitunter außerordentliche Maßnahmen notwendig, wenn sie denn begrenzt sind für den Zeitraum der

---

195 Siehe dazu:
    https://ruedigerraulsblog.wordpress.com/2020/06/18/chinesische-zustaende/

Pandemie. Damit hätte zumindest der zweite Lockdown verhindert werden können. So müssen viele Gewerbetreibende um ihre Existenz bangen und viele Mitarbeiter um ihre Arbeitsplätze.

Bezeichnend für diese Realitätsferne und Selbstüberschätzung ist das aufgeblasene Auftreten von Gesundheitsminister Jens Spahn, als er zu Beginn der Pandemie noch von den Vorteilen des freiheitlichen westlichen Modells schwadronierte gegenüber dem von sogenannten Unrechtsstaaten wie China. Damals war er noch fest davon überzeugt, dass ein dezentrales und föderales System einem solchen wie dem chinesischen überlegen sei, das er als autoritär und zentral gesteuert betrachtete und deshalb für ineffektiv hielt.[196]

Nur wenige Wochen später zeigte sich, dass all diese Vorstellungen über die Vorteile des eigenen Systems nur auf dem Papier und in den Köpfen der Verantwortlichen existierten. Dieses gesellschaftliche Selbstverständnis hatte nur Bestand gehabt unter der Bedingung, dass es nie einer Belastungsprobe ausgesetzt wurde. Als dann das Virus über Deutschland herfiel, stieß das von Spahn so hochgelobte freiheitliche Gesundheitssystem schnell an seine Grenzen. Es fehlte an allem: Masken, Schutzanzüge und vor allem medizinisches Personal. Kaputtgespart.

Anstatt zu den eigenen Versäumnissen zu stehen, wurde die Bedeutung von Masken im Kampf gegen das Virus heruntergespielt. Sogenannte Experte rieten davon ab, bezeichneten sie gar als schädlich. Wochen später wurde bestraft, wer keine trug. Das passte für viele Bürger nicht zusammen, nährte Zweifel an der Kompetenz von Regierung sowie Experten und weckte Misstrauen an den Motiven der Regierenden. Hier wurde eine der Grundlagen geschaffen für Bewegungen wie die Querdenker.

Eine für zig Millionen entwickelte Corona-App erwies sich in der Verfolgung des Infektionsgeschehens als weitgehend wirkungslos. Zu viele wirtschaftliche und nationalstaatliche Sonderinteressen begrenzten ihre geographische Reichweite. Rücksichtnahmen gegenüber dem Datenschutz waren größer als Erkenntnis in die Notwendigkeit der Infektionsverfolgung zum Schutze von Menschenleben. Verunsichert durch Experten- und Medienmeinungen, nahmen viele Bürger Abstand davon. Sie achteten ihre Daten wichtiger als die eigene Gesundheit und die ihrer Mitmenschen.

All diese Unzulänglichkeiten gingen unter in den Lockerungen nach der ersten Welle, verbunden mit der Hoffnung, dass nun alles über-

---

196 Siehe dazu https://ruedigerraulsblog.wordpress.com/2020/03/29/vorteil-china/

standen sei. Davon schienen auch viele Politiker auszugehen, denn auf die zweite Welle schien man nicht vorbereitet zu sein, als sie dann im Herbst 2020 über die westlichen Gesellschaften hereinbrach. Zu diesem Zeitpunkt hatte die chinesische Gesellschaft schon seit Wochen keine Neuinfektionen mehr verzeichnet.

Das öffentliche Leben hatte sich in dieser im Westen als autoritär angesehenen Gesellschaft wieder normalisiert. Die Einschränkungen waren weitgehend aufgehoben. Im Gegensatz dazu wurde mit dem Eintreffen der zweiten Welle das öffentliche Leben in den westlichen Staaten immer weiter eingeschränkt bis hin zu einem weiteren Lockdown. Die liberalen Gesellschaften zeigten sich repressiver als die sogenannten autoritären.

Dabei war noch nach dem Ende des ersten vonseiten der politischen Führung hoch und heilig versprochen worden, dass es keinen zweiten Lockdown mehr geben werde. Aber die Realität richtet sich nicht immer nach den Idealvorstellungen und Theorien des gesellschaftlichen Führungspersonals und seiner intellektuellen Zuflüsterer.

Durcheinander

War die Zustimmung der meisten Bürger zu den staatlichen Maßnahmen zu Beginn der Pandemie noch recht hoch gewesen, so wich diese im Verlauf der Herbstmonate einer zunehmenden Ernüchterung, Verunsicherung und Hilflosigkeit. Das Hin und Her der Vorschläge, Beschlüsse, Maßnahmen und ihre anschließende uneinheitliche Umsetzung hinterließen bei den meisten Menschen den Eindruck von Planlosigkeit. Ein klares Konzept war nicht zu erkennen. Verschärfungen der Einschränkungen des Alltagslebens wurden immer umfassender.

Andererseits wollten die Diskussionen über Verschärfungen, Inzidenzzahlen, Lockerungen und den richtigen Weg aus der Krise nicht enden. Die öffentliche Marktschreierei der Meinungsmacher in Medien und Politik sorgte für ständige Verunsicherung. Jeder hatte was zu sagen, auch wenn er keine Ahnung hatte.

Ständig fanden Konferenzen statt, die aber den Eindruck hinterließen, nichts Neues erbracht zu haben, zumindest keine klare Orientierung für die Bürger. Und waren die Konferenzen beendet, schienen alle daran Beteiligten, eigene Schlüsse daraus zu ziehen und eigene Maßnahmen zu ergreifen. Die Verwirrung der Menschen war komplett. Man wusste kaum noch, was richtig und falsch, was verboten und erlaubt war. Was in einem Bundesland zulässig war, war im Nachbarland verboten. Inzidenzzahlen beherrschten das öffentliche und zunehmend auch das private Leben.

Besonders das Starren auf die Inzidenzwerte verdeutlichte die Orientierungslosigkeit der Verantwortlichen. Von ihnen wurden Lockdown und Lockerungen abhängig gemacht. Anscheinend erkannte man nicht, dass die unerkannt Infizierten diejenigen sind, die unwissentlich die Viren weiter übertragen und dadurch die Pandemie verstetigen. Anstatt aber das Testen auszuweiten, verschärften die Verantwortlichen lieber die Einschränkungen.

Kein Wunder also, dass trotz aller Kontakteinschränkungen die Zahlen kaum sanken. Zwar wäre mit dem Anstieg der Tests auch die Zahl der Infizierten gestiegen, aber man hätte die unerkannt Infizierten feststellen, isolieren und damit viele Menschenleben retten können. Jedoch stellt sich die Frage, auf welcher Basis die Inzidenzwerte überhaupt festgelegt worden waren, wenn man später wieder aufhob, als man erkannte, dass sie nicht erreichbar, d.h. unrealistisch waren.

Aber wie viele Menschenleben hätten gerettet werden können, hätte man auf Testen statt auf Inzidenzwerte gesetzt. Sicherlich ist man nachher immer klüger. Aber auch nur wenn man aus den früheren Fehlern lernt. Nun öffnet man wieder die Gesellschaft, obwohl die Werte nicht erreicht wurden, die man zuvor noch als unabdingbar gehalten hatte. Offensichtlich hat man inzwischen die Bedeutung des Testens für die Überwindung der Pandemie erkannt.

Weiterhin sind aber in den Betrieben Testmaßnahmen allein der Entscheidung der Unternehmensführung überlassen. Doch gerade hier wie in den Schulen, Sammelunterkünften und Pflegeeinrichtungen halten sich sehr viele Menschen auf engstem Raum über einen längeren Zeitraum auf. Hier befindet sich einer der großen Infektionsschwerpunkte, die in den bisherigen Planungen der Politik weitgehend ausgelassen wurden. Fürchtet man Produktionsstilllegungen wie seinerzeit bei Thönnies? Oder will man zulasten der Menschen die Wirtschaft nicht noch weiter gegen sich aufbringen?

Immer deutlicher wurde die Ratlosigkeit derer, die bisher immer vorgegeben hatten, die Lage im Griff zu haben. Immer deutlicher wurde, dass dem Führungspersonal alles aus den Händen glitt. Die Gesundheitsämter brachen unter der Last der Kontaktverfolgung zusammen. Anscheinend hat man vor dieser Herausforderung kapituliert, denn sie ist in der öffentlichen Diskussion kein Thema mehr. Aber besser geworden ist es auch nicht.

Zu Beginn des Jahres 2021 hatten die gesellschaftliche Konfusion, aber auch die Ungeduld der Bürger ihren Höhepunkt erreicht. Zwar hatten Impfstoffe unter beschleunigten Verfahren Notfallzulassungen erhalten, was man noch wenige Monate zuvor bei den russischen und chinesischen Impfstoffen bemängelt hatte, Sie waren auch auf dem Markt, kamen aber nicht in die Impfzentren.

Denn wichtiger als die Abwendung der Gefahren für die einzelnen Bürger war den politischen Verantwortlichen die Gefahr, dass der Zusammenhalt der EU zerbrechen könnte infolge eines Wettlaufs der Mitgliedsstaaten um den begehrten Impfstoff. Um die nach dem Brexit angeschlagene politische Stabilität der EU nicht weiter zu gefährden, war die Beschaffung und Verteilung der Impfstoffe von den Nationalstaaten an Brüssel abgegeben worden. Und deren Mühlen mahlten langsam, für viele Infizierte zu langsam.

Verantwortungslos

Dagegen hatten Israel, die USA und das Vereinigte Königreich schon im Vorfeld Verträge mit den Herstellern abgeschlossen. Sie erhielten schon Wochen vor den EU-Staaten Millionen von Dosen zur Impfung der eigenen Bevölkerung. Auch die Bezieher russischen und chinesischen Impfstoffs wie das EU-Land Ungarn, das Nicht-EU-Land Serbien und die Türkei impften bereits die eigene Bevölkerung. Aber in Deutschland und dem Rest der EU ging es nicht voran. Die vorhandenen Mengen waren nicht ausreichend.

Während die Zulassungshürden für Impfstoffe aus dem Westen im Schnellverfahren gesenkt worden waren, um sie schneller einsetzen zu können, wurde für Russlands Sputnik V der Marktzugang zur EU erschwert, wenn man sich auch öffentlich anders gab. Einen bezeichnenden Einblick diesbezüglich in das verkorkste Denken von Teilen der westlichen Führungskräfte gibt ein Artikel der FAZ mit dem sehr aufschlussreichen Titel „Spalten mit Sputnik V".

Dort warnte die Vorsitzende der zuständigen europäischen Zulassungsbehörde (EMA) „EU-Staaten dringend davor, Sputnik V eine nationale Notfallzulassung zu erteilen"[197], solange das Vakzin noch nicht von ihrer Behörde geprüft sei. Diese Hinhaltetaktik wird medial von der FAZ unterstützt, die feststellt: „Ob der Impfstoff dann noch benötigt wird, ist fraglich".[198]

Ohne Umschweife bringt dieses Denken der Außenminister der Slowakei Ivan Korcok auf den Punkt. Für ihn ist klar, „dass dieser Impfstoff nicht mehr nur ein Impfstoff ist, sondern ein Instrument des hybriden Krieges".[199] Diese Vorstellung einer hybriden Kriegs-

---

197 FAZ vom 10.2.2021: Spalten mit Sputnik V
198 FAZ vom 10.2.2021: Spalten mit Sputnik V
199 FAZ vom 10.2.2021: Spalten mit Sputnik V

führung geht aber in westlichen Köpfen vor sich. Ähnliches westliches Machtdenken hatte sich bereits in Vorwürfen von Maskendiplomatie und Impfdiplomatie gegenüber China ausgedrückt. Aber die Opfer dieser Machtspiele sind die eigenen Bürger, nicht die chinesischen und auch nicht die russischen.

Wie in der Frage des Erfahrungsaustauschs mit China war das Leben von Tausenden EU-Bürgern politischen Interessen untergeordnet worden. Trat man sonst überall in der Welt als Missionare der Menschenrechte auf, so setzte man aus politischen Überlegungen das Leben der Menschen im eigenen Land leichtfertig aufs Spiel. Ehe man die Stabilität der EU aufs Spiel setzte, nahm man lieber in Kauf, dass Tausende durch die Verzögerung der Impfstoffbeschaffung ihr Leben verloren. Ehe man Impfstoff aus so genannten Unrechtsstaaten bezog, enthielt man lieber Tausenden die dringend benötigte medizinische Versorgung vor.

Ein ähnliches Drama spielt sich nun bei den Tests ab. Vieles ist unvorbereitet, viele Fragen ungeklärt, nur die Erwartungen sind hoch, die man selbst geweckt hat. Hier offenbart sich der einzig wahre Vorteil des föderalen Systems. Es gibt genug Zuständigkeiten, die sich gegenseitig die Schuld zuschieben können, ohne tatsächlich die Lösung der anstehenden Probleme beherzt in die Hand zu nehmen. Und im Geschiebe der Zuständigkeiten und Schuldabwälzung stehen die Bürger hilflos und wissen nicht, wie sie dem ganzen Treiben Einhalt gebieten können. Denn keiner ist greifbar und alles scheint im Gange zu sein. Aber nichts kommt so richtig voran.

Global

Noch ist es zu früh Aussagen über die Folgen dieses Totalversagens unserer gesellschaftlichen Führung zu machen, wenn sie denn das Niveau der Kaffeesatzleserei übersteigen sollen. Das wird wohl erst möglich sein, wenn sich der Pulverdampf der Coronaschlacht gelegt hat. Aber ansatzweise sind Entwicklungen zu erkennen, die in ihrem weiteren Fortgang beobachtet werden müssen.

Auf der globalen Ebene kann jetzt schon festgestellt werden, dass China als der große Gewinner aus dieser Krise hervorgeht. Die Volksrepublik ist das einzige Industrieland der Welt, das trotz Covid-19 ein Wirtschaftswachstum vorweisen kann. Es hat zudem durch die Stabilität der eigenen Produktion seine Exporte und damit seinen wirtschaftlichen Einfluss weltweit ausdehnen können.

Allein seit Beginn des Jahres 2021 sind die Exporte der Volksrepublik um 60% gestiegen. Besonders seine medizinischen Produkte sind gegenüber den westlichen konkurrenzfähiger geworden. In bald fünfzig Länder hat es seine Impfstoffe exportieren können, während der Westen alle Hände voll zu tun hatte, die eigene Bevölkerung zu beliefern. Durch die Vergabe von Lizenzen an Staaten besonders in der Dritten Welt hat China dort Ansehen und wirtschaftlichem Einfluss ausgebaut. Gleiches gilt für Russland.

Der Versuch der USA unter Trump, Chinas wirtschaftliche Entwicklung und Aufstieg zu behindern muss als gescheitert angesehen werden. Bisher scheint auch die neue amerikanische Administration keine Abkehr von dieser Politik zu planen. Vielmehr fühlt man sich in Washington bestärkt, weil der Schulterschluss mit den unter Trump verprellten Verbündeten nun ein massiveres Vorgehen gegen die Volksrepublik zu ermöglichen scheint.

Ob diese Pläne aufgehen, wird sich zeigen. Denn parallel zur Wiederbelebung der Freundschaft zwischen den westlichen Mächten schreitet auch die Zusammenarbeit zwischen China und Russland stetig voran. Die inneren Widersprüche dieser Allianz dürften geringer sein als die zwischen den westlichen Staaten, die doch auf vielen Feldern, besonders auf dem Felde der Wirtschaft, mitunter als erbitterte Konkurrenten auftreten.

Der Westen hat in dem von ihm ohne Not ausgerufenen System-konflikt mit China eine herbe Niederlage erlitten, nicht nur auf wirtschaftlichem Gebiet. Besonders im Bereich der Pandemiebe-kämpfung hat sich das chinesische System als wesentlich wirkungs-voller erwiesen. Da dieser Erfolg nicht mehr bestritten werden konnte, versuchte man zu einen, ihn zu ignorieren. Fortan sprachen die Medien asiatischen Erfolgen, China wurde in diesem Zusam-menhang - wenn überhaupt – dann nur noch am Rande erwähnt.

Anderseits versuchte man, die chinesische Politik als Masken- oder Impfstoff-Diplomatie zu verunglimpfen. Man kann die Erfolge Chinas ignorieren oder diskreditieren, aber trotz alle dem kann man sie nicht allein mit autoritären Strukturen erklären, wie die FAZ schon zu Anfang feststellte. Und schon gar nicht kann man sie aus der Welt schaffen.

Gesellschaftlich

Die Spuren, die Covid-19 in der deutschen Gesellschaft hinterlassen hat, haben bisher ihre Wirkung noch nicht voll entfaltet. Aber schon jetzt ist klar, dass die Staatsverschuldung gewaltig gestiegen ist. Noch unklar jedoch ist, wie stark die Wirtschaft unter der Krise mit ihren Lockdowns gelitten hat. Auch hier werden gewaltige Schäden in Form von Insolvenzen, Geschäftsaufgaben und den damit verbundenen Arbeitsplatzverlusten und Arbeitslosigkeit zu erwarten sein.

Der Mythos von deutscher Perfektion und Gründlichkeit hat reichlich Flugrost angesetzt. Die politischen Einrichtungen wie Regierung, Parteien und Verwaltung hinterließen keinen souveränen Eindruck in der Krise. Sie schienen mit zunehmender Dauer überfordert und den Aufgaben immer weniger gewachsen. Selbst heute, nach über einem Jahr Erfahrung mit der Pandemie, sind die Discounter eher in der Lage, Selbsttests zu besorgen und an den Mann zu bringen als die zuständigen staatlichen Stellen.

Das Selbstbild, das die deutschen Führungskräfte und Medien über den Zustand ihres Staates aufgebaut hatte, hat sich unter der Belastung der Krise als ein Trugbild herausgestellt. Er ist nicht so gut organisiert, wie alle immer dachten. Eigentlich klappte kaum etwas richtig. Vieles ist der Selbstüberschätzung, Uneinsichtigkeit und mangelnden Realitätsnähe der Verantwortlichen geschuldet. Die eigenen Vorstellungen wurden oftmals mit Realität verwechselt. Die Ergebnisse blieben weit zurück hinter den vollmundigen Ankündigungen. Gesellschaftliche Geschlossenheit kam allein in Appellen an die Bevölkerung daher, nicht aber im Handeln der politisch Verantwortlichen.

Angesichts dieses Versagens rückten die Bürger, die noch zu Beginn der Krise fest hinter der Regierung standen, immer weiter von ihr ab. Sie genießt mittlerweile nur noch wenig Vertrauen. Ratlosigkeit wich allmählich der Verärgerung über das Chaos und die ausbleibenden Erfolge trotz weitreichender Einschränkungen im Alltagsleben. Allein dem Impfbeginn dürfte es die Regierung zu verdanken haben, dass diese Verärgerung nicht in Proteste umschlug. Abseits von den Querdenkern gab es zu ihrem Glück keine politische Kraft, die in der Lage gewesen wäre, den Unmut der Menschen in Forderungen und gesellschaftlichen Druck umzuwandeln.

Aber auch diese haben zuletzt an Bedeutung verloren. In der Öffentlichkeit sind die Querdenker kaum noch wahrzunehmen. Das Leugnen des Virus, seiner Gefährlichkeit und der Pandemie, die bei Teilen dieser Bewegung zu finden ist, boten keinen Ausweg aus Stillstand und Krise. Die meisten Menschen fühlten sich vom Virus bedroht, nicht von der Politik. Sie hatten Angst vor Ansteckung, nicht vor einer Einschränkung von Freiheitsrechten. Insofern waren die Schnittmengen zwischen Querdenkern und dem Rest der Bevölkerung gering.

Das bedeutet aber nicht, dass ihr Geist und Denken nicht doch weiterlebt und sich im Flussbett der Gesellschaft verbreitet. Die Voraussetzungen dafür sind eher besser als schlechter geworden. Enttäuschung und Ernüchterung über die Regierung und die gesellschaftlichen Führungskräfte scheinen gestiegen zu sein, auch das Misstrauen gegenüber dem Staat. Beruhigung dürfte mit dem Impfbeginn zwar eingekehrt zu sein, was aber nicht mit Vertrauen verwechselt werden darf. Darüber werden die anstehenden Wahlen mehr Klarheit geben.